„Der Stadtrat möge in seiner unendlichen Weisheit beschließen"

-

Das erste Jahr für Die PARTEI in der Augsburger Volksvertretung

Von Thomas Heigl und Roland Kurschat

Bibliografische Information der Deutschen Nationalbibliothek: Die Deutsche Nationalbibliothek verzeichnet diese Publikation in der Deutschen Nationalbibliografie; detaillierte bibliografische Daten sind im Internet über dnb.dnb.de abrufbar.

Herstellung und Verlag: BoD – Books on Demand, Norderstedt

ISBN: 978-3-7543-4346-3

Danksagung

Ein Jahr im Augsburger Stadtrat hinterlässt bei jedem von uns seine Spuren. Daher danken wir sämtlichen Genossen für das Durchhalten, die Mitwirkung an der PARTEI-Arbeit, die sprudelnden Ideen und die Grundsteinlegung für viele weitere heitere Jahre im Stadtrat. Ein großes Dankeschön geht an all unsere Korrekturleser. Ihr habt unsere geistigen und schriftlichen Ergüsse erst in eine leserliche Sprache umgewandelt. Lobenswert zu erwähnen sind all unsere Freunde, Gönner und Kritiker – egal ob im Rat, auf der Straße oder in den sozialen Netzwerken. Ihr motiviert uns dazu, immer weiter zu machen! Und vielen Dank an die ehrenwerte Haifischbar, die durch stetige Versorgung der durstigen Kehlen, die Ideen zu dem ein oder anderen Antrag sicher förderlich hervorgerufen hat.

Die Autoren

Roland Kurschat, geboren im Tschernobyl-Jahrgang 1986 in Bayerisch-Schwaben und Thomas Heigl, geboren im atomaren Abrüstungsjahrgang 1988 in Niederbayern; beides Westdeutschland. Vorstandsmitglieder im Kreisverband Augsburg der sehr guten Partei Die PARTEI. Trotz ihrer unterschiedlichen Herkunft, legt das Erfolgsautorenduo anschaulich dar, wie in der von Martin Sonneborn gegründeten Ansammlung von hochseriösen Spitzenpolitikern, die Völkerfreundschaft aktiv ausgelegt wird. Das erlebte Trauma des Mauerfalls verarbeiten beide durch die Verbreitung der frohen Botschaft der Partei Die PARTEI. Vom Augsburger Kreisverband einstimmig für den Literaturnobelpreis nominiert, scheiterte die Urkundenübergabe nur an dem knapp zu spät eingereichten Vorschlag.

INHALT

Wie Die PARTEI glorreich in den Stadtrat einzog

Es gibt Jahre, da sollte man lieber im Bett bleiben. 2020 und 2021 in etwa. Ein Politiker der Spaßpartei FDP wird in der Ostzone, mit Stimmen der cdU und der FCK AfD, zum Interims-Ministerpräsidenten gewählt, nach der PEGIDA-Bewegung schwappt in Form der Querdenker-Demos die nächste Welle der Gute-Laune-Bürger über uns herein, und Raider heißt nach wie vor Twix. Achja, und irgendeine Bier-marke betreibt gerade reges weltweites Negativ-Sponso-ring, oder so ähnlich!

Es gab aber auch gutes in dieser Seuchenzeit zu vermel-den. Im März 2020 fand eine mit Spannung und Hoffnung erwartete Kommunalwahl im kompletten, von König Mar-kus I., äh Verzeihung, Ministerpräsident Söder regierten Freistaat Bayern statt. Und so logischerweise auch in der drittgrößten bayerischen Häuseransammlung, die einst je-mand Augsburg nannte. Wir, der sehr gute Kreisverband der Partei Die PARTEI (natürlich die Kurzform für Partei für Arbeit, Rechtsstaat, Tierschutz, Elitenförderung und ba-sisdemokratische Initiative), sahen natürlich unsere Chance gekommen, endlich diesen lächerlichen Ansatz von demo-kratischer Zurschaustellung aufzuwerten und die Qualität des Augsburger Stadtrates mit einem gewonnenen Sitz zu verfeinern, hurra! Auch wenn es diverse lokale Blättchen, wie etwa unser guter Kumpel Siggi von „Die Augsburger Zeitung", deren Existenz wir zu akzeptieren gelernt haben, nicht für möglich gehalten hätten. Hat er anfangs noch die Kalauer rausgehauen, schreibt er mittlerweile erschreckend wenig über uns, schade! Zurück zum Thema: Pünktlich zu

Beginn des 100. Jubiläums der „goldenen 20er Jahre" wurden in Augsburg endlich wieder Weimarer Verhältnisse eingeführt, indem diverse, absolut unseriöse, Kleinst- und Splitterparteien, teils mit konfusen Wahlprogrammen, in den Stadtrat einzogen. Und daneben gibt es dann noch uns. Zur Vorgeschichte dieser glorreichen Heldentat sei jedem politisch Interessierten der lyrische Erguss „Augsburger Wahlk(r)ampf – Wie man mit einer 11-Mann-Liste einen Stadtratsitz für Die PARTEI holt" von unserem Genossen Thomas ans Herz gelegt. Ein ausdrücklicher Lesebefehl geht an dieser Stelle an unser Stimmvieh raus. Kleiner Spoiler: Das feine Druckwert endete mit den Worten: „Aber das ist eine andere Geschichte, die erst noch erzählt werden muss". Und genau um diese soll es nun gehen. An vielen politisch verwirrten Gruppen wunderbar zu beobachten: Der Mensch neigt schnell zum Vergessen. Und traditionell passiert in der ersten Stadtratperiode, wo noch jeder „Politiker" so etwas wie Motivation vortäuschen kann, am meisten. Daher wollen wir unserer hochloyalen Wählerschaft nicht vorenthalten, wie die erste Amtsperiode unserer Stadtratkönigin Lisa und des gesamten Kreisverbandes von Mai 2020 bis Mai 2021 mehr als heroisch verlaufen ist. Natürlich ist innerhalb dieses Jahres noch sehr viel mehr passiert, aber hier soll es explizit um die Stadtratsarbeit gehen. Dazu machen wir einen Zeitsprung in eine längst vergessene Ära, in der es Corona nur als Sixpack im Getränkemarkt gab, und noch kein Parteianer jemals im Augsburger Stadtrat vereidigt wurde: in den März 2020.

Da standen wir nach der Stimmauszählung also, völlig berauscht von dem besten Wahlergebnis bei einer Kommunalwahl in Augsburg für Die PARTEI seit Kriegsende. Und auch wenn wir es natürlich fest versprochen haben, die finale Erreichung dieses Ziels trieb uns das ein oder andere Freudentränchen ins Gesicht. Ok, vielleicht war es auch noch mehr ein Liegen als ein Stehen, aber die Auszählung erst mal zu verkraften und weiterhin im Modus der lokalen Brauereiunterstützung zu verfahren, könnte man schon als erste offizielle Amtshandlung der PARTEI in Augsburg sehen. Immerhin haben wir es geschafft, mit minimalstem Aufwand den maximalen Ertrag zu erhaschen. Soll heißen: In einer bajuwarischen Kommune, bei der gefühlt immer noch die Hälfte csU wählt, haben wir unsere Oberbürgermeisterkönigin Lisa in das Rathaus gewuchtet (wir werden an dieser Stelle die breite Masse nochmal darüber informieren, dass die Schreibweise „csU" die übliche PARTEI-Art ist diese Bewegung zu schreiben, da wir der Meinung sind, dass diese Partei jegliche christlichen und sozialen Werte längst über Bord geworfen hat). Zwar wurde Lisa aus dubiosen Gründen nicht Oberbürgermeisterin, unser „Stop the Count" nach Auszählung der Innenstadt verlief leider im Sand, aber einen Platz im Stadtrat sollten wir sicher haben. Wenn man die finanziellen Gegebenheiten dazu betrachtet, wird das ganze Ausmaß noch dramatischer. Leider kann die csU Augsburg keine genauen Angaben machen, wie viel sie für den Wahlk(r)ampf letztendlich ausgegeben haben, aber es müssten um die 500.000€ gewesen sein. Hat sich bei 43,1% für den OB und 32,3% für den Stadtrat ja richtig gelohnt. Jedes Prozent hat unserer neuen Oberbürgermeisterin Eva „Webärchen" Weber also ca. 11.600€ gekostet – absolutes Schnäppchen! Da können wir mit unserem schwäbischen Sparsinn nur müde lächeln. Gerade mal läppische 1.200€ reichten uns für dieses politische Kunststück.

Ein Hoch auf das deutsche Wahlsystem, bei dem man zumindest mit kleinen Mitteln bei Kommunalwahlen noch was erreichen kann. Unsere feinsten knallgrauen Anzüge wurden frisch gelüftet, sich auf die kommenden Aufgaben gefreut. Oder um es mit den umgedichteten Worten einer mächtigen Orange zu sagen: MAGA! Make Augsburg Grey Again!

Nach der Wahl ist vor dem Nichteinlösen von Wahlversprechen, oder so ähnlich. Die Pandemie schlägt so langsam aber sicher auch in der Fuggerstadt zu, nachdem die cSU bayernweit mit Gewalt noch die Kommunalwahl durchzog und eine Woche später das Wahlvieh dann endlich wegsperren konnte. Die Letztwähler haben schließlich zur Zufriedenheit geregelt. Für uns als PARTEI hieß es erstmal abwarten und Hopfentee konsumieren. Doch schon, wie so üblich nach einer Wahl, wenn die offiziellen Ergebnisse feststehen, kamen die ersten unangenehmen politischen Aktivitäten: Man führt Sondierungsgespräche mit anderen „Parteien". Das Wort „sondieren" stammt bestimmt noch aus der glorreichen Zeit als die Russen noch funktionierende Sonden in den Orbit geschickt haben. Man will sich nun also wie Hunde oder Bitches (gendern ist heutzutage ganz wichtig) gegenseitig von hinten beschnuppern um Kompatibilitäten festzustellen. Schmackhaft. Da die Möglichkeiten einer einzelnen Person im Stadtrat, so realpolitisch sind wir natürlich unterwegs, relativ überschaubar sind, wollten wir erst mal abwarten was die anderen Einzelstadträte und „Parteien" so treiben und wer sich uns als Steigbügelhalter andienen würde. Angebote sollten zum Ablehnen abgewartet werden. Es kristallisierte sich schnell

heraus, dass der Einzelstadtrat der Generation Aux (ihr er-
innert euch, die mit dem Gratisessen) einen masochisti-
schen Drang verspürte, sich den Grünen anzubiedern.
Wem's gefällt, warum nicht! Ob das beim Wahlvieh so gut
ankam, naja, wagen wir zu bezweifeln. Immerhin ist man
damit in der Verantwortung und kann sich nicht wie wir
faul in der Opposition gemütlich das Geld überweisen lassen. Amateure! Ein Hoch auf das System!

Doch so nach und nach trudelten die ersten Anrufe in
der PARTEI-Zentrale ein, ob man sich denn schon überlegt
hätte, eine Ausschussgemeinschaft oder gar eine Fraktion
mit anderen Parteien eingehen zu wollen. Die beiden in den
Stadtrat gewählten Linken, Freddie H. und Christine Will-
heim (Name von der Redaktion auf was halbwegs Witziges
abgeändert) haben mal ganz vorsichtig bei uns angefragt,
ob wir uns denn eine Fraktion mit ihnen vorstellen können.
Interesse wurde erstmal vorgeheuchelt. Doch schon kurze
Zeit später geisterte eine Breaking News durchs Netz: „Eil:
Passagiere springen vom Rettungsboot zurück auf die Tita-
nic!" Anstatt mit moderner Turbopolitik im rettenden
Speedboot von Die PARTEI mitzufahren, entschied man
sich wieder auf das Schiff mit einer großen Zukun...haha,
nein, das können wir einfach nicht schreiben, also auf die
lolSPD aufzuspringen (kurze Erklärung: lolSPD ist die übliche PARTEI-Schreibweise, da die SPD mehr und mehr
zum Belächeln anregt, daher auch das lol für „laugh out
loud"). Die „soziale Fraktion" wurde gegründet. Gut so!
Denn wer Die PARTEI wählt, soll auch Die PARTEI bekommen und nichts Anderes. Ein paar Hanseln und Hansinet-
ten (gendern ist heutzutage wirklich unfassbar wichtig)
blieben noch übrig. Die wildesten Konstellationen kamen

zustande. So formte sich aus den Freien Wählern, der Spaß-
partei FDP und ProAugsburg die Fraktion „bürgerliche
Mitte". Ein buntes Sammelsurium, das die angesprochenen
Weimarer Verhältnisse nicht besser repräsentieren könnte.
Auf der Resterampe blieben noch übrig: Der radikale Vega-
ner von der V-Partei, der Öko-Guru von der ÖDP, der Psy-
chologe von Augsburg in Bürgerhand, die Lokalprominenz
von Wir sind Augsburg und eine mittlerweile parteilose
Dame, die gefühlt 20 Sekunden nach Bekanntgabe des
Wahlergebnisses keine Lust mehr auf die lolSPD hatte. Ver-
ständlich, man will ja einmal im Leben auch mal nicht nur
Spaß- und Klamaukpolitik, sondern ernsthafte betreiben.

So richtig einig konnten und wollten sich die restlichen
nicht formieren. Für uns als PARTEI vollkommen okay, gilt
doch jedes Mandat als Unfall dessen genauer Hergang am
Schluss nicht mehr rekonstruiert werden kann. Das Gute
daran, dass man ganz alleine für sich schalten und walten
kann: Man muss bei niemanden anfragen oder betteln, ob
Entscheidungen und Ideen für alle Partner in Ordnung gehen. Das Schlechte daran: Man kann wenig erfahrene Leute
fragen, wie denn das Kommunalgedöns läuft und was wir
zu tun oder zu lassen haben. Glücklicherweise ist keine Partei ein so gut funktionierendes großes Team wie wir, und so
fuchste sich unser grauer Haufen selbstständig in sämtliche
Arbeit hinein und stand Lisa das ganze Jahr über mit Rat
und Tat tapfer zur Seite. Die Fahnenflüchtige der lolSPD
war uns aber wohl gesonnen und stand uns mit ihrer Erfahrung ebenfalls zur Seite. In die Zukunft zu investieren ist
auch nie verkehrt.

Haben wir noch was vergessen? Achja, stimmt. Die csU und die Grünen haben sich nach ausgiebigen und zehrenden Gesprächen darauf geeinigt, Augsburg gemeinsam gegen die Wand zu fah…äh zu regieren. So kam was kommen musste, die Koalitionspartner aus den beiden (angeblichen) Volksparteien wollen gemeinsam die Stadt in die nächsten sechs Jahre führen, eieiei. Nachdem denn nun die gegenseitige Speichelleckerei und Lobhudelei Gott sei Dank zu Ende war, konnte endlich die erste Stadtratsitzung dieser Periode und damit Lisas Vereidigung stattfinden. Einer deutschlandweit auftretenden Kontaktbeschränkung war es geschuldet, dass wir leider kein offizielles Siegerfoto in großer Anzahl ablichten konnten, daher wurde auf Stift und Papier zurückgegriffen und der Kreisverband so verewigt. Dass wir genauso auf dem Foto gestanden hätten sei hiermit eidesstattlich versichert.

Vorbildliches Siegerfoto aller Genossen

Wie Die PARTEI auf eine graue Zukunft schwor

Hurra, die Zukunft hat in Augsburg nun endgültig begonnen! Endlich ist auch die sehr gute Partei Die PARTEI im großen Geschäft der Hinterzimmerspielchen der lokalen Politik angekommen. Die erste Stadtratsitzung und Lisas Einführung konnte nun endlich kommen. Coronabedingt tagte der Stadtrat nicht im Rathaus, sondern in der Kongresshalle am Wittelsbacher Park, die jetzt eigentlich „Kongress am Park" heißt. Aber seien wir mal ehrlich, es ist eine Halle, und „Kongresshalle" geht einfach leichter von den Lippen. Praktisch, gibt es doch eine großzügige Empore für die interessierten Zuschauer, in der man den kompletten Saal wunderbar überblicken kann. Die restlichen Parteianer kleideten sich in ihrem feinsten Grau und marschierten Richtung Halle. Schon am Eingang lernten wir die knüppelharte Stadtrat-Security und selbsternannte Coronaexperten kennen. Als sämtliche Genossen, die an diesem Tag entweder über großzügige Tagesfreizeit verfügten, oder sich aufgrund des wichtigen historischen Ereignisses extra freigenommen hatten, die Treppen zu den Zuschauerplätzen hochschritten, versperrte uns ein Anzugträger in Schwarz die Tür. Man solle lieber durch den anderen Einlass die Ränge betreten, dieser sei am Ende des Ganges. Als wir wie befohlen durch den Eingang schreiteten, stellten wir fest, dass die Zuschauer schon kreuz und quer verteilt waren und wir aufgrund der Platzsuche am Ende fast wieder bei unserem Anzugfreund waren, dem wir freundlich winkten. Er schaute uns an wie einen Wahlzettel, auf dem Die PARTEI nicht drauf ist: verwirrt, aber dennoch gewillt das

Schicksal über sich ergehen zu lassen. Vermutlich war er aber nach dem ersten Anblick uns gegenüber auch nur besorgt, wir würden nicht auf unseren täglichen Kalorienverbrauch kommen und schickte uns deshalb bewusst auf einen kleinen Umweg. Naja, der Wahlkampf war lang, das Bier war kalt und die Kehlen waren trocken. Passiert!

Leider konnten wir zu Beginn nicht in die erste Reihe. Diese wurde von den örtlichen lokalen Medien und ihren Schreiberlingen und deren Kameras bedrängt. Kein Wunder dachten wir uns, wann bekommt man schon mal die einmalige Chance unsere Stadtratkönigin Lisa so perfekt von oben ablichten zu können? Dass noch andere Parteien und Personen auf den Bildern dann zu sehen sein würden, war wohl eine Unannehmlichkeit, die leider nicht zu vermeiden war. Schon mal vorneweg: Nachdem die Referatsposten geschickt von der csU und den Grünen hin und hergeschachert wurden (dazu später mehr) verschwanden die Kamerateams auch schon wieder so schnell wie sie wohl gekommen waren. Danach hatten wir herrlichen Blick auf die Gesamtveranstaltung. Ein findiger Stadtmitarbeiter war so umsichtig und platzierte unsere Lisa in die letzte Reihe, etwas mittig. Absolut berechtigt, konnte sie natürlich von diesem Winkel aus den kompletten Stadtrat inklusive wunderschöner Hinterköpfe bewundern. Die selbe spitzfindige Person der Stadt sorgte auch für allgemeine Erheiterung auf den Zuschauerplätzen. Die vier Stadträte der FCK AfD, die dem Steuerzahler übrigens jeden Monat ca. 6.400€ kosten, wurden vom Zuschauer aus ganz hinten, ganz rechts platziert. Eben der Platz der ihnen gebührt. Hier kann es sich, neben der Erklärung eines gut gelaunten Stadtmitarbeiters, bestimmt nur um einen geographischen Zufall und nicht bewusst um politische Richtungen gehandelt haben. Die lolSPD sitzt nämlich auch ganz rechts außen vom Zuschauer aus gesehen, nur halt in der ersten Reihe. Ein herrlicher Jokus der Stadt Augsburg!

Da wir gerade am Anfang einer Pandemie waren und noch nicht so recht wussten wie wir damit umgehen sollten, trugen natürlich alle Stadträte, egal ob stehend oder sitzend, eine Maske. Doch Not macht ja bekanntlich erfinderisch. Von oben war es für unsere Adleraugen schön zu beobachten wie manche Stadträte über zwei Stunden an einer einzigen Butterbreze ihres kostenlosen Lunchpakets, während unsere Mägen oben knurrten, kauten oder sich bewusst am Gratiskaffee fast zu Tode koffeinierten. Was tut man nicht alles für ein bisschen frische Atemluft. Oder die Brezen haben so grässlich geschmeckt, wir wissen es nicht genau.

Endlich wurde nach der Einführung der neu gewählten Oberbürgermeisterin (csU) die Sitzung der neuen sechsjährigen Stadtratsperiode eröffnet. Und alle waren sichtlich gespannt: Was würde der erste Redebeitrag sein? Mit welchen Worten würde uns der neu zusammengestellte Stadtrat in die Zukunft führen? Heroische Worte des Aufbruchs, des Mutmachens oder der Glückauf Wünsche für die alten und neuen Stadträte? Knapp daneben. Der allererste Redebeitrag war eine Ermahnung der frisch vereidigten Oberbürgermeisterin an den radikalen Veganer von der V-Partei, der als einziger ohne Maske im Saal saß und dass dieser diese doch bitte, auch zum Schutze der anderen Stadträte, Journalisten und Zuschauer, aufsetzen sollte. Seine Antwort: er tue dies, aber nur unter Protest. Wow, nach einer erneuten Rüge des Stadtoberhauptes, den rollenden Augen unsererseits und allgemeinem Gekicher im Publikum, realisierten die Anwesenden schnell, dass eine historische Chance soeben vertan wurde. Auf ein Neues dann in sechs Jahren wieder.

Doch nun kam es endlich zur offiziellen Vereidigung der neuen Stadträte. Die Massen der gewählten Stadträte für die nächste Periode, also auch unsere Lisa, erheben sich. Kurz waren wir oben auf der Empore geneigt auch geschlossen unsere Sitze vertikal zu verlassen, aber ob die armen Zuschauer hinter uns darüber so begeistert gewesen wären? Wer weiß das schon so genau. Wir entschieden uns nach kurzer handzeichlicher Unterredung auf unseren Plätzen sitzen zu bleiben und lieber in stiller Ehrfurcht zu erstarren. Anstatt, wie bei der Vereidigung jedes neuen amerikanischen Präsidenten üblich, einer Bibel, legte man unserer Lisa sämtliche Literatur von Martin Sonneborn zur Handauflegung gestapelt vor. Mit Hand und Herz am richtigen Fleck schwört sie zuerst auf unseren GröVaZ (für die Laien unter der Leserschaft: „größter Vorsitzender aller Zeiten") und danach auf die Stadt und sonstiges Gedöns. Und dies trotz der Schallwelleneinatmung, der Maske, die sie auch leider zu diesem historischen Moment nicht ablegen durfte, geschuldet, in einer Lautstärke, dass wir es bis hoch auf die Empore hören konnten. Dionysos, dem Gott des Bieres, sei Dank, wurde diese monumentale Momentaufnahme der Handerhebung auf Bild festgehalten. Schön zu sehen, grinste unsere Stadtratkönigin während der Eidverlesung bis über beide Ohren! Also hat sie uns allen danach zumindest erzählt. Und schaut hin: Könnte dieses Gesicht lügen? Zwei von drei Sachen sind übrigens frei erfunden, welche werden an dieser Stelle nicht verraten!

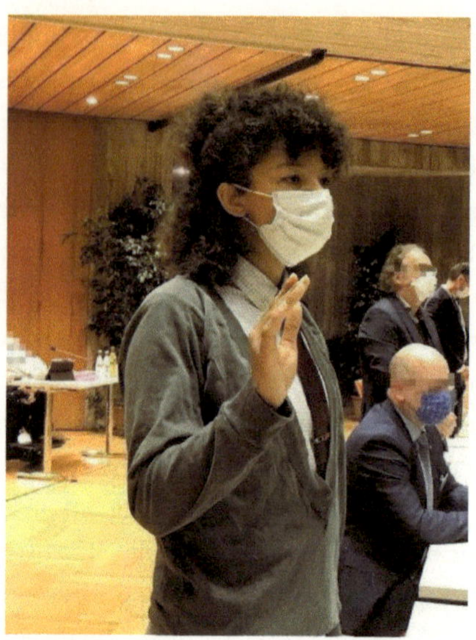

Die erste graue Stadträtin Augsburgs

Wie bereits vorher angesprochen, wurden noch die Referatsposten von csU und Grünen innerhalb beider Parteien fleißig hin und hergeschoben. Verzeihung, wir meinen natürlich fair und geheim abgestimmt. Es ist schon ein Graus, wie lange solche Abstimmungen dauern können. Eine Wachbleib-Probe sondergleichen. Auch bemerkenswert, dass die Personen beim Auszählen der Stimmzettel wieder Körper an Körper standen. War da nicht irgendwas mit einer Abstandsregelung oder so? Naja, Beweisfotos wurden zwar angefertigt, auf eine Veröffentlichung aber verzichtet. Manchmal ist man halt im Moment großer Nervosität, ob denn auch jeder aus der eigenen Partei brav für den Kandidaten gestimmt hat, ein bisschen vergesslich. Passiert den

Besten. Große Überraschungen gab es hier keine, beide Parteien zusammen haben natürlich über 50% und somit sollte es, sofern es keine verräterischen Abkömmlinge gab, keine großen Wundertüten geben. So funktioniert halt Demokratie leider auch, dessen sind wir uns bewusst. Ein Vorgang, welcher noch das komplette erste Jahr des neuen Augsburger Stadtrates ausmachen sollte. Immerhin zeigten einige Vertreter der csU Interesse an dem neu hineingewählten Gegenwind, namentlich Die PARTEI bzw. Lisa. Kaum im Stadtrat erbittet die csU um eine Audienz bei unserer Queen. Sie fragen sich, wie wir es nur mit „Bier und Propaganda" (deren Wortwahl, nicht unsere natürlich) zu diesem Erfolg geschafft haben. Es müsse ja noch was dahinterstecken. Kein Wunder, nach Jahren des Siegeszuges der PARTEI, erst die Europawahlen, dann die Kommunalwahlen und neuerdings auch mit Marco Bülow die Erstürmung des Bundestages in Berlin, da kann man als Letztwählerpartei schon mal die Düse kriegen, und dann ist die Wurst natürlich warm! Und ja, wir können es ja langsam auch zugeben: Circa 80% unserer negativen Kritiken lassen wir selber schreiben um die Neider ruhig zu stellen. An dieser Stelle hätten wir gerne einmal bei der csU nachfragen können, warum Augsburg nicht Frau von der Leyen als Oberbürgermeisterin bekommen hat. Immerhin haben viele Letztwähler ja bei der csU „Weber" angekreuzt und da bekommt man ja bekanntermaßen Flintenuschi als Ausgleich, verwirrend das alles. Wie dem auch sei. Lisa verwies auf grundsolide topmoderne Turbopolitik, ein Terminus welcher alleine schon zur allgemeinen Verunsicherung beitragen zu vermag.

Unsere Freunde von Die PARTEI haben es geschafft und Chaos, Bier und Anarchie ins Auxburger Rathaus gebracht, wunderbar, der Plan geht auf. Wir wünschen Lisa viel Erfolg und haben sie bereits instruiert, unseren Antrag auf Freibier für alle zu stellen! Pogo Prost! (Facebookeintrag der Antifaschistischen Pogopartei Deutschlands in Augsburg vom 06.05.2020).

Zurück zu den Wahlen. Nachdem die Referatsposten, sicherlich absolute Koryphäen auf ihrem Gebiet, zugeschustert wurden, sollten noch Sitze in Ausschüssen vergeben werden. Ziemlich fair konnte man diese nicht per Lebenslauferfahrung oder Können abstauben, sondern sie wurden mit Hilfe von Kinder-Überraschungseierkapseln ausgelost. Ja, richtig gelesen, ausgelost. Sofort stellten sich uns im Zuschauerbereich tausende Fragen: Wer hat die Ü-Eier bezahlt? Wer durfte die Schokolade futtern? Sammelt ein selbsternannter Christsozialist die heidnischen Figuren, bei denen Zwerge existieren, Nilpferde auf zwei Beinen gehen können und Pinguine passgenaue Hosen tragen? Wurden sämtliche Spielzeuge von csU-Vertretern zusammengebaut? Naja, verzwickt und dubios das alles. Durch das politische Verständnis des Schicksals wurde Lisa mittels des gelben Plastik in den Wirtschafsförderungs-, Beteiligungs- und Liegenschaftsausschuss gelost, hurra! Das wurde von einigen Vertretern der csU derart freudig aufgenommen, dass sie an ihren Tisch traten und höflich fragten, ob sie denn nicht „tauschen" möchte. Die Ü-Eier scheinen wohl diverse Kindheitserinnerungen ausgelöst zu haben. „Go, Lisa, go" tönte es von uns tapferen Parteigläubigen aus der Empore. Allerdings in einer Lautstärke, die nur wir hören konnten. Wir wollten ja, freundlich wie wir sind, niemanden stören. Durch einfaches Rumsitzen und Nichtstun gleich mal einige Posten und Geld abgestaubt, es ist ja fast schon so, als wären wir ganz oben in der Politik angekommen. Ein bemerkenswerter Einstand. Sich outende Fans ließen nicht lange auf sich warten. Ein großer Dank geht hier nochmal ausdrücklich an die nette Dame am Eingangsbereich, die uns nach der Sitzung beim Verlassen des Gebäudes nochmal mit einer großzügigen Anzahl an Masken versorgt hat. Ihr Kommentar „eigentlich geht das nicht, aber ich finde euch echt gut", brachte unser Herz wahrlich zum Schmelzen. Augsburg ist noch nicht verloren!

An jenem Tag war die Los-Fee wohl PARTEI-Fan. Wer will es ihr verdenken?

Wir sind gespannt auf ihre satirischen Aktionen im Stadtrat, der Einstand war schon mal sensationell, brav." (Facebookkommentar vom 04.05.2020).

Die erste Glückwunschwelle, sowohl auf Social Media als auch in der nicht-digitalen Welt, waren überschwänglich und überwältigend. Ganz Augsburg war anscheinend so in Aufruhr, dass man uns kurzerhand mit anderen Parteien verwechselte. Auch wenn die „Augsburger Internet-Zeitung" zwar unseren Beitrag teilte, so meinte sie zweifelsohne eine andere Gruppierung. „Satirische Aktionen", damit kann ja wohl entweder nur die lolSPD oder die Spaßpartei FDP gemeint sein. Jux und Tollerei sucht man schließlich bei den seriösesten Vertretern der politischen Zunft, den Mitgliedern von Die PARTEI, vergebens!

Wie Die PARTEI erste
zarte Gehversuche unternahm

Nach der ersten Stadtratsitzung ist vor der nächsten Stadtratsitzung. Doch bevor es nun an die ersten zarten Schritte der aktiven Mitgestaltung bei der Augsburger Großstadtpolitik - hust hust, man, bei solchen Wörtern kriegen wir immer so ein Kratzen im Hals - ging, mussten wir unsere geschundenen Leiber erst mal schonen. Spannend, endlich mal live zu erleben, wie es in so einer mehrstündigen Sitzung abläuft, wenn man sie auch zu einem kleinen Teil selber mitgestalten kann. Aber an dieser Stelle sei schon mal verraten, dass sämtliche PARTEI-Zuschauer es zwar manchmal, aber doch nicht immer bis zum Ende einer öffentlichen Sitzung geschafft haben, sitzen zu bleiben. Ermüdungserscheinungen aufgrund der immer gleichen Menschen, die sich mit mehr oder weniger sinnvollen Redebeiträgen, gepaart mit den immer gleichen Schleimscheißereien vor jedem Redebeitrag, zu Wort meldeten, machten sich breit. Fast so als gäbe es in jeder Partei nur die zwei bis drei vorher bestimmten Redner. Dies sollte sich erst mit der Einführung einer Live-Übertragung ändern, bei der taubstumm scheinende Stadträte urplötzlich ihre Stimmbänder wieder für sich entdeckten. Famos! Die wenigen mit christlichen Werten, die noch in der csU sind, würden es wohl als Wunder beschreiben. Mehr dazu später. Nach etlichen Stunden wurde die Erdanziehungskraft auch gefühlt immer schwerer. Unbeschränkter Gratiskaffee, wie ihn die Stadträte genießen dürfen, war erwünscht. Chapeau hier nochmal an dieser Stelle allen heroisch durchhaltenden Mitschreibern und natürlich unserer Lisa, die tapfer sitzen bleiben muss. Wir von Die PARTEI sind ja wirklich vielseitig desinteressiert, aber irgendwo muss dann auch mal Schluss sein.

Da man als Zuschauer kein so großzügiges Schmerzensgeld wie die Augsburger Stadträte und Stadträtinnen (gendern ist heutzutage einfach so unglaublich wichtig) überwiesen bekommt, legten wir nach dem Verzehr des ein oder anderen Hopfengebräus fest, dass diese auch nicht lange durchschnaufen sollten. Immerhin werden sie ja dafür großzügig entlohnt. Über die ersten Anträge wurde gegrübelt. Lange mussten wir allerdings nicht überlegen und schon war der erste aufgesetzt.

In einer Stadt wie Augsburg (München-West), in der der freie Wohnungsmarkt, naja sagen wir sehr überschaubar ist, ist Grundbesitz wertvoller als jeder Bitcoin. Daher fühlt es sich immer wie ein Bienenstachel im Fleisch an, wenn leerstehende Gebäude einfach nicht genutzt werden. Wie es der Zufall will, ist in der Nähe der PARTEI-Zentrale eben genau so eins, und nicht gerade klein. Warum das Leergut nicht irgendwie sinnvoll nutzen? Am Ende die von Corona gebeutelten Künstler und Künstlerinnen der Stadt (gendern; unfassbar wichtig) hier sogar unterbringen? Sie austoben lassen auf den verschiedenen Stockwerken? Wenn möglich sogar Wohnungen dazu zur Verfügung stellen? Ha, nicht so mit der Stadt Augsburg! „Wenn sie kein Brot haben, dann sollen sie doch Kuchen essen", sagte laut der Legende schon eine französische Monarchin, die innerhalb eines Tages um einen ganzen Kopf schrumpfte. Lieber das Gebäude jahrelang ungenutzt und provokant leer stehen lassen. Und danach womöglich abreißen und ein Parkhaus bauen, sollen doch die Stadträte sich den Mund fusselig reden über eine mögliche autofreie Innenstadt, was scheren uns diese Stammtischparolen? Und anscheinend will die Diözese Augsburg da auch noch irgendwie mit bauen. Klar, die überschüssigen Gläubiger-Gelder müssen ja auch noch irgendwo ausgegeben werden.

Den Antrag haben wir wie folgt eingereicht. Wir waren am Anfang, was unsere Formulierungen und Anreden anging, noch sehr zahm und human. Man will ja nicht von Anfang an die ehrwürdigen Stadträte, Referenten und Stadtoberhäupter verschrecken. Zarte Annäherungsversuche sozusagen:

Sehr geehrte Frau Oberbürgermeisterin Eva Weber, ich Lisa McQueen (Einzelstadträtin) Die PARTEI, stelle folgenden Antrag:

<u>Die Immobilie der SWA Holding GmbH Peutingerstraße 9 soll auf Weiteres, bis ein konkreter Plan der Eigennutzung erfolgt, als innerstädtisches Kunst- und Kulturzentrum umgenutzt werden, mit eigenständiger Galerie.</u>

Das braucht Augsburg. Eine Fläche, in der junge und alte, gute Künstler und Kunsthandwerker ihre Werke vorstellen können, nicht nur temporär. Ein Beispiel hierfür ist das Koesk München. Künstler sollen auch in der Innenstadt Fuß fassen können. Nicht nur im Rahmen der Stadt, denn kaufkräftige Kundschaft will spontan agieren, im innerstädtischen Raum.

Begründung: Ein jahrelanger Leerstand in der Innenstadt ist wirtschaftlich gesehen nicht förderlich. Diese Immobilie der SWA steht seit sehr langer Zeit leer. Eine wäre, da sich die Immobilie in städtischer Hand befindet, den Kulturschaffenden Augsburgs eine Möglichkeit zu bieten, diese ungenutzte Immobilie der Stadt

(bzw. ihres Tochterunternehmens) mit bereichernden Ideen zu bespielen. Aus den Reihen der SWA hieß es, Schulungsräume in diesem Objekt unterzubringen. Ebenfalls steht in einigen Jahren ein Abriss dieser Immobilie an. Erst eine teure Sanierung, um ein Schulungszentrum möglich zu machen und gleichzeitig ist die Planung, dieses Gebäude abzureißen. Dies ist ein doppelter Einsatz von sehr viel Geld, den sich unsere Stadt nicht leisten kann. Wiederum können Künstler auch mit wenigen Mitteln und guten Ideen in diesem Haus einen echten Hotspot der freien Kunst etablieren und damit die Stadt wieder ein Stück lebendiger werden lassen, natürlich unter im Vorfeld vereinbarten Bedingungen.
Mit vielen lieben Grüßen, Lisa McQueen

Leider wurde dieser eingereichte Antrag seit über einem Kalenderjahr nicht behandelt. Hintergrund: Wenn Anträge nicht mehr als 100.000€ beanspruchen, kann es auch in den entsprechenden Ausschüssen behandelt werden, oder vom jeweiligen Referenten „plausibel" abgelehnt werden. Oder halt auch gar nichts damit geschehen.

Da man sich gerne mal Probleme schafft, wo noch gar keine sind, kam auch recht zügig unser zweiter Antrag zu Papiere. Oberbürgermeisterin Weber (csU) setzte vollends auf die „christlichen" Punkte im Parteinamen. Und was verbindet man am ehesten mit „christlich"? Meistens wohl Ostern und Weihnachten. Und da Ostern Ende Mai schon vorbei war, stürzte man sich also auf das zweite hochheilige Fest. So kam es, dass die OB die Bevölkerung dazu aufrief, Ausschau nach einer geeigneten Tanne für das Weihnachtsfest der Stadt Augsburg zu halten, welche man wie jedes Jahr auf dem Rathausplatz aufstellen könne. Und das mitten im Sommer. Die Frau hat Ideen, immerhin ist Weihnachten doch im Dezember. Also nicht wenn es nach der sehr guten Partei Die PARTEI gegangen wäre. Dazu auch später mehr. Mensch, wir teasern aber schon so richtig an, was? Zwinkersmiley. Da der Augsburger Umweltreferent von den Grünen wahnsinnig gerne mal Bäume dem Stadtgebiet entledigt (vielleicht dachte er nur mit Schauern an ein Zitat von Mehmet Scholl aus den 90ern: „Hängt die Grünen, solange es noch Bäume gibt"), wäre es doch mal an der Zeit das Gegenteil zu praktizieren und praktischerweise, alleine um sich die Suche zu sparen, eine Tanne auf dem Rathausplatz zu pflanzen. Problem gelöst, Zeit gespart! Immerhin hätte dann auch das Klimacamp (hier auch später mehr Informationen. Letzter Teaser, versprochen) auf dem Augsburger Fischmarkt etwas mehr Schatten an heißen Tagen. Den Antrag haben wir wie folgt eingereicht:

Sehr geehrte Frau Oberbürgermeisterin Eva Weber, ich Lisa McQueen (Einzelstadträtin) Die PARTEI, stelle folgenden Antrag:
<u>Die Pflanzung eine Tanne auf dem Augsburger Rathausplatz.</u>
Augsburg hat aktuell wieder den Christbaum für kommenden Dezember ausgeschrieben und alle Bürgerinnen und Bürger im In- und Umkreis von Augsburg dazu aufgerufen, nach adäquaten Bäumen Ausschau zu halten. Da die Islamisierung des Abendlandes noch nicht so weit fortgeschritten ist, gehe ich davon aus, auch in den kommenden Jahren einen Baum zu Ehren Christi in die Mitte des Rathausplatzes zu setzen. Dies ist ein schöner Brauch, allerdings bieten sich hier diverse Verbesserungsmöglichkeiten.
Begründung: Zunächst ist es eine Zumutung, die Augsburger in ihrer Freizeit das Anstarren von Bäumen jedes Jahr aufs Neue zu

beauftragen. Dieser Umstand kann mit einem fest verpflanzten Baum für die nächste Zeit unterbunden werden. Bäume beleben die Innenstadt, nicht nur weil sie schön grün sind, sondern auch Schatten spenden. So kann man sich an heißen Sommertagen gemütlich in selbigen sitzen und ein Bierchen oder andere kühle Getränke einverleiben. Wir, die Stadt Augsburg, steuern unvermeidlich auf die Klimakatastrophe zu und können mit diesem Schachzug den Fridays for Future Organisatoren ein Lächeln auf die Lippen zaubern. Zudem wird der aufwendige Transport, sowie die Aufstellung nur einmalig vorgenommen und nicht jährlich. Ein weiterer Vorteil ist, man muss den Baum nicht entsorgen. Auch hier entfällt wieder der Transport, sowie aufwendiges Abbauen.

Mit vielen lieben Grüßen, Lisa McQueen

Trotz unschlagbarer Argumente wurde dieser sehr gute Antrag vom Baureferenten abgelehnt! Der Rathausplatz sei komplett versiegelt und weist aus diesem Grund eine hohe Wärmeausstrahlung auf (die Eiseskälte, die man vor dem Betreten des Rathauses verspürt, geht dann womöglich doch von einigen Stadträten aus). Heimische Tannen könnten so dort nicht gedeihen. Außerdem könne man unter einem solchen Baum nicht sitzen (als ob das einer von den hohen Stadtrat-Tieren je vorgehabt hätte) und er gefährde die Sicht auf das Gesamtensemble.

Apropos mehr Grünes für die Stadt. Es wurde ja bereits schon angesprochen: Wir von der sehr guten Partei Die PARTEI lieben ja Gras jeglicher Art. Daher spitzten wir die Ohren als es um die Umgestaltung eines Vorplatzes bei St. Michael im Stadtteil Pfersee ging. Ernüchterung machte sich allerdings schnell breit, als man raushörte, dass aus diesem Vorplatz keine schöne Wiese, am besten noch mit Bäumen zum Selberpflücken, werden sollte, sondern dass der Platz wieder zubetoniert wird. In diversen Interviews der damaligen Oberbürgermeisterkandidaten las man noch schön auf die Frage, welches ihr Lieblingsplatz in Augsburg sei, Antworten wie den Kuhsee, den Hochablass, den Wittelsbacher Park oder den Siebentischwald. Natur, wo man hinsieht (außer beim Kollegen der FCK AfD, da war es die Fachoberschule), aber im Stadtgebiet, naja, da will man es halt dann doch nicht so gern haben. Die Betonfirmen müssen ja auch irgendwie in Coronazeiten über die Runden kommen.

Wir starteten trotzdem einen Rettungsversuch mit folgendem Antrag:

Sehr geehrte Frau Oberbürgermeisterin Eva Weber, ich Lisa McQueen (Einzelstadträtin) Die PARTEI, stelle folgenden Antrag:
<u>Dringlichkeitsantrag. Grüne, saftige Wiesen statt Betonwüsten.</u>
Eine Umgestaltung des Vorplatzes bei St. Michael halte ich als alte Pferseerin für sehr sinnvoll. Nun möchte ich an den Stadtbaumeister appellieren, dieses Mal nicht wieder einen grauen, unattraktiven Ort aus diesem Platz zu machen. Das Konzept ist gut, doch könnte man mit einer Rasenfläche inklusive Wildblumenwiese, der Pflanzung von Obstbäumen und einem Kies Pfad, das ganze sehr viel freundlicher gestalten, so dass der Platz wirklich zum Verweilen einlädt. Begründung: Eine Grünfläche ist gut für das Klima und für das Empfinden der Anwohner, die den Platz nutzen. Hier kann man sich vorstellen, ein Buch auf einer Bank

oder einer Decke zu lesen und mit den Füßen im Gras zu verweilen.

Ein gepflasterter Vorplatz hat immer etwas Kühles und Steifes. Diese Fehler hat man meiner Meinung nach bereits beim Kö-Umbau und bei der Planung des Vorplatzes des „Archiv des Bistums Augsburg" in Oberhausen gemacht. Man hat an Grünfläche bzw. Blumenbeeten gespart, obwohl es sehr viel günstiger gewesen wäre eine Rasenfläche zu säen, als einen Platz vollkommen mit Pflastersteinen zu legen. Natürlich sehe ich die fortlaufende Arbeit dabei. Ein Rasen muss gemäht werden und Blumen gepflegt werden, doch für ein ansehnliches Stadtteilbild wäre es von Vorteil. Wir haben bereits den Theodor-Heuss-Platz, der vom Konzept sehr ähnlich ist. Aber es muss doch nicht in jedem Stadtteil alles fast identisch aussehen, es reichen schon die Neubaugebiete in den verschiedenen Vierteln, das alte Hasenbräu-Gelände, das ehemalige Reese-Areal und das „neue" Textilviertel, all diese Bebauungen sehen fast gleich aus. Lassen Sie uns mutig sein und uns ein wenig aus 'm Fenster lehnen!

Trotz unschlagbarer Argumente wurde dieser sehr gute Antrag vom Referenten, abgelehnt. Uns unverständlich!

Wie Die PARTEI das Reese-Gelände erhalten wollte

Was kann man als Einzelstadträtin einer topmodernen, hochseriösen Turbopolitikpartei im Stadtrat bewirken? Zumindest einmal Aufmerksamkeit. Denn als gut funktionierender Kreisverband lassen wir unsere Stadtratskönigin natürlich nicht so einfach hängen. Dank der Pandemie, exorbitanter Tagesfreizeit, stinkfaulem Studentenpack und sonstiger gesellschaftlicher Unterschicht kam es, dass im Schnitt bei den Stadtratsitzungen immer um die vier Parteianer als Zuschauer präsent waren. So auch bei der nächsten Zusammenkunft der senatorischen Stadtvertreter, in welcher ein uns sehr wichtiges Thema entschieden werden sollte. In feinsten grauen C&A-Billiganzügen, himmelblauen Hemden und blutroten PARTEI-Krawatten schauten wir gespannt und anscheinend verachtungsvoll auf den ehrwürdigen Stadtrat von der Empore aus hinab. Genauso, wie diese ab und an zu uns, der „Schande der politischen Branche", hinaufblickten. Aus sicherer Quelle wissen wir, dass sich der OB-Kandidat der Linken folgende Aussage entlocken ließ: Er kenne das, im Wahlkampf wären noch alle sehr engagiert und sobald es mit der politischen Arbeit losgehe, sitzt man alleine da. Hat er wohl bei diversen Kleinst- und Splitterparteien wie den Linken gar nicht so unrecht, nicht so bei uns. Mit unserem anwesenden „Personal" stellten wir stets den größten Block im Zuschauerraum. Dank Lisas geschickter Einbringung der Genossen im Besucherareal bekamen auch sämtliche Stadträte unsere Anwesenheit mit. Ein Beispiel liefern wir selbstredend später auch noch. Dies hat bestimmt auch unser Webärchen (csU, wir nennen sie gerne so aufgrund der gleichnamigen Gummibärchen aus dem Kommunalwahlkampf) beeindruckt, also nehmen wir einfach mal an. Immerhin waren wir uns nicht zu schade, per zwischenzeitlicher Ersatzbekleidung, in Form von brandneuen T-Shirts, zu unserem Ansehen zu stehen.

Zu 100% hergestellt aus alten, minderwertigen Masken einer aussortierten Jens-Spahn-Großbestellung

Das Schöne an der Kongresshalle, Verzeihung, Kongress am Park, ist ja, dass sie aufgebaut ist wie ein Konzertsaal. Es könnte daran liegen, dass es ein Konzertsaal ist, aber wer weiß das schon so genau. Auch bei dieser Sitzung sicherten sich wieder circa vier tapfere Recken und Reckinnen (gendern, wir sagens immer wieder!) die besten Plätze in der Loge. Damit meinen wir einen Panoramablick auf unsere Lisa, wo sollte man auch sonst hinschauen wollen?

Selbstverständlich platzierten wir uns immer auf der rechten Seite der Loge. Dies hat nichts mit möglicher Gesinnung zu tun, aber, wir erinnern uns, auf der rechten Seite saßen auch die vier Vertreter der FCK AfD, die dem Steuerzahler und der Stadt übrigens monatlich ca. 6.400€ kosten. Wir werden nie müde es zu erwähnen. Auf möglichen Augenkrebs (wir urteilen nicht über Äußeres, sondern über die Tatsache, dass ganze vier davon im Stadtrat sitzen) sollte also von unserer Seite aus verzichtet werden. Theoretisch hätten wir die erhöhte Sitzgelegenheit in der ersten Reihe astrein als Donnerbalken umfunktionieren können. Hach, welch Gedanke, hätte sich unsere braune Ausscheidung mit dem braunen Gesindel symbiosiert. Die Sitzung mit Harn- und Darmdrang zu beginnen wäre jedoch nie eine gute Idee, und immerhin ging es diesmal um ein wichtiges Thema.

Unsere, auf Hopfenkonsum basierten, Träumereien waren allerdings nicht von langer Dauer. Kurz nach Beginn der Sitzung konsultierte uns eine nette junge Dame aus der Verwaltung, eine Angestellte der Kongresshalle oder ein scharfer Wachhund der csU (so genau lässt sich das in Nachhinein leider nicht mehr verifizieren) und meinte, man müsse die erste Reihe der Empore unbesetzt lassen. Ihre Jokus-Begründung: Man könne ja „einen Stift oder etwas Anderes auf die Stadträte herunter werfen“. Interessanterweise sei an dieser Stelle erwähnt, dass dies wohl nur für uns Krawallmacher galt. Die Zuschauer auf der linken Hälfte der Empore durften weiterhin den Premiumblick genießen. Entweder war die Securitydame nur für die rechte Zuschauerhälfte zuständig, immerhin platzierte sie sich den Rest der Sitzung exakt so, dass sie nur die rechte Seite der Empore mit ihren Adleraugen im scharfen Blick hatte, oder sie war aufgrund der Konstellation „Die PARTEI genau über der FCK AfD" doch ein wenig besorgt. Wenig diskussionsbereit, diverse Gerstensäfte machten uns wohl gefügig, taten wir wie befohlen und rutschten eine Reihe, also ungefähr einen Meter nach hinten. Selbst die Anmerkung unseres ersten Vorsitzenden, dass er sich durchaus zutraue, einen Stift auch aus 70 Zentimeter weiterer Entfernung auf die Stadträte werfen zu können, lege er es denn darauf an, fruchtete nicht. Vielleicht wäre an dieser Stelle eine Erwähnung angebracht gewesen, dass unser Erster bei den Bundesjugendspielen nicht immer nur eine Teilnehmer-, sondern mit Bravour stets eine Ehrenurkunde abgestaubt hatte. Nach ihrem letzten Argument, es diene dem Infektionsschutz, verabschiedeten wir uns von unserem anschließenden, aus der Entfernung stundenlangen aufmerksamen, Wachhund. Immerhin durften wir als Zuschauer weiterhin unsere weizenhaltigen Getränke behalten. Sie waren aber auch gut versteckt, Zwinkersmiley!

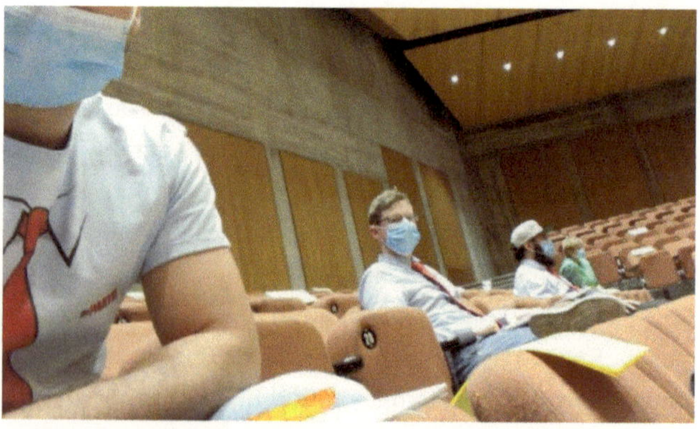

Durstige Krawallmacher und Kugelschreiberbesitzer

Altlasten, ein hässliches Wort. Genau wie „Systemirrelevant" eines der Unwörter der jüngsten Geschichte. Altlasten sind, wie der Name schon sagt, eine Last, werden gerne mal unter den Teppich gekehrt oder wenn sie zu unangenehm werden, einfach abgerissen und entsorgt. So aber nicht im Augsburger Stadtrat, da werden Altlasten gerne nochmal eine Stadtratperiode mitgezogen. Und schon sind wir bei unserem Baureferenten. Herrliche Überleitung. Viele Abrisse tangieren uns ja nur am Rande. In etwa, wenn Bergheim, wo wir bei der Kommunalwahl am wenigsten Stimmen erhalten haben, liquidiert werden würde. Bei einem unserer edleren Stimmgeberviertel, namentlich Kriegshaber, schalten wir uns selbstverständlich ein. Noch dazu, wenn es um das Reese-Areal geht. Augsburger Urgesteinen müssen wir wohl nicht mehr sagen als: Kantine. Für alle Auswärtigen: der ein oder andere Stadtbewohner zog aus den heiligen Hallen und dem Gelände allgemein wohl schon so manche Sinnesänderung im Zuge von, nennen wir das Kind beim Namen, alkoholischen Getränken, heraus. Eine wahre Kultstätte auf einem großzügigen Areal aus vergangenen Tagen. Und da sich so mancher Lokalpolitiker in baureferentlichem Alter anscheinend nicht mehr an unbeschwert begießende Abende aus der Jugend zu erinnern vermag, muss das komplette Gelände jetzt natürlich dem Erdboden gleichgemacht werden. Platz für neue Wohnblöcke müsse her. Natürlich ist uns auch das Problem des immer knapper werdenden Wohnraumes, gepaart mit der immer zunehmenderen Bevölkerung bewusst. Andererseits ist der Trend von Neubauwohnungen, in denen eine Zweizimmerunterkunft schon vierstellige Mietpreise vom Konto

ziehen, auch nicht gerade eine berauschende Zukunftsaus-
sicht. Einfach verzwickt, dass die Fuggerstadt schön langsam immer mehr in den Speckgürtel von Isar-Preußen (un-
redlich: München) zuwandert. Erste Planierraupen rückten
an, doch noch war ja eine Stadtratsitzung zum Einreichen
von Dringlichkeitsanträgen möglich. Zum ersten Mal reichten wir von der sehr guten Partei Die PARTEI daher einen
solchen ein. Höchste Eisenbahn war geboten. Den exzellen-
ten Antrag, der die Situation nochmal gut zusammenfasst,
liefern wir natürlich gerne zum Nachlesen:

*Sehr geehrte Frau Oberbürgermeisterin Eva Weber, ich, Lisa
McQueen (Einzelstadträtin) Die PARTEI, stelle folgenden
Dringlichkeitsantrag:*
*ERHALT von Reesetheater Soldatenkantine Gebäude an der
Somme 38 und 40 + Vorplatz.*
*Begründung: Den Blick aufs Große und Ganze nicht zu verges-
sen, bedeutet auch unsere Heimat mal aus der Vogelperspektive
zu betrachten und dann Stadtpark und Parklandschaften zu suchen. Ist schon jemandem aufgefallen, dass Augsburg nur einen
einzigen richtigen Park besitzt: den Wittelsbacher Park. Alles an-
dere sind Fleckchen (z.B. der Hofgarten) und Streifen (z.B. die
Wertach bei Pfersee und Göggingen).*
*Und Paradebeispiele für Verbauung und Verstopfung mit Wohn-
bau ist der Martini-Park, besser gesagt das Rudiment, das von
ihm übrigblieb und die üble Geschichte mit dem Abriss des Gärt-
nerhauses. Kurz: Es wird immer mehr teurer Wohnraum im
Sinne von Wohnblöcken und Wohnungen geschaffen, aber der
Raum zum Atmen und für freie Bewegung wird immer enger.
Gerade im Westen (Pfersee und Kriegshaber) nimmt die Bevölke-
rungsdichte gerade rasant zu.*

Die Stadt muss die Chance nutzen, die ihr mit dem Erhalt des historischen Gebäudeensembles der Reesekaserne geschenkt wird! Denn diese Gebäude (Kantine, Theater und die großen Kasernengebäude an der Somme) sind die Verortung eines neuen Parks.

Zusammen mit der Grünfläche westlich vom Abraxas (Spielplatz Reese Park) und dem überaus schützenswerten, multikulturellen Gemeinschaftsgarten mit den mythisch anmutenden Bäumen beim Theater bis hin zum Skaterpark am Reesepark, ergäbe sich die Möglichkeit einen kleinen Landschaftspark in englischer Manier zu gestalten und einen zusammenhängenden Grüngürtel zu schaffen. Es ist noch genügend Bauplatz zwischen der „Reese-Allee" und „Am Exerzierplatz" westlich des Kasernenareals.

Die alten Gebäude wirken beruhigend wie so vieles lang Dagewesenes und bieten einen angenehmen Kontrast zur Uniformität der dahinterliegenden Zweckbaumonotonie. Dazu Laubbäume, vielleicht noch ein Teich mit Brunnenanlage und eine Fahnenstange für den Appellplatz und dezente landschaftsorientierte Bepflanzung.

Und die Gebäude könnten vielleicht sogar wieder von Künstler*innen genutzt werden. Wofür sie sich dann letztlich eignen, darüber kann ja weiter gesprochen werden. Auch die Kasernen mit Viertel Cramerton wurden Wohnraum ohne Abrissaufwand. Was jetzt Not tut, ist jede Art von sonst den Abrissarbeiten immer vorausgehenden Baumfällungen sofort zu unterbinden! Und dann muss mit der Abbruchfirma ersatzweise eine Mithilfe bei der Sanierung der Gebäude angeboten werden. Auf keinen Fall darf etwas abgebrochen werden.

Tun wir etwas für Erholungs- und Begegnungsmöglichkeiten in der Stadt, für das historische Erbe und die kulturelle Aufwertung unserer Stadt und auch für das Grün, für die Reduzierung von

Da neben uns noch mehr Parteien einen Dringlichkeitsantrag zum Erhalt des Geländes einreichten, wurde nicht
explizit über unseren Antrag abgestimmt, sondern über die
Beschlussvorlage im Allgemeinen. Nun konnte die heitere
Debatte also losgehen. Muntere Wortmeldungen mit durch-
schlagenden Pro und Contras sollten der erlauchten Zuhö-
rerschaft, also uns Parteianern, nun dargeboten werden.
Stadträte, die sich wohl aufgrund des üppigen Nebengeh-
altes, Erbschaften oder Lottogewinnen die neuen sich an-
bahnenden vierstelligen Mieten problemlos leisten konnten, verstanden plötzlich die Welt nicht mehr. Wieso wird
über den Erhalt eines solchen Areals auf Kosten von nicht
entstandenen Wohnungen denn überhaupt diskutiert? Andere stürzten sich auf Untersuchungen die Asbest-Ablage-
rungen und die nicht mehr wirtschaftlich rentable Situation
des Geländes. Dabei fiel auf, dass viele Stadträte so mit dem
freien Reden anscheinend ihre Probleme haben. Wir verstehen das völlig, unsere Lisa muss ja schließlich auch immer
in einem Saal ihre Reden halten, im vollem Bewusstsein ca.
99% des Saales nicht auf ihrer Seite zu wissen. Da kann man
schon mal nervös sein und sich seinen Redebeitrag lieber
auf einen Zettel vorab aufschreiben. Wirkt halt nur etwas
hölzern. Herrlich dagegen die frei improvisierte, aber nicht

weniger ehrliche, kurze Rede unserer Lisa zu hören. Aus künstlerischer Sicht sind die Massenanlagen von immer gleich aussehenden Wohnblöcken nicht gerade geschmackvoll (vom Mietpreis mal ganz zu schweigen). Gerade in Kriegshaber, was langsam zu einem Viertel mutiert, in dem wirklich jedes Gebäude gleich aussieht. Nach dem Besuch unseres lokalen Wasserloches, der ehrenwerten Haifischbar, kann da der Heimweg nach erstmaligem Umzug schon einem Gang nach Canossa anmuten. Unser erster Vorstand weiß, wovon die Rede ist. Genau diesen brachte unsere Stadträtin auch ins Spiel, indem sie fingerzeigend auf die Empore und eben jenen mit den Worten „das Viertel ist jetzt nicht das schönste. Sorry Roland, ich weiß, du wohnst da", verwies. Zahlreiche, meist abfällige Blicke schauten plötzlich zu uns hoch. Höflich, wie wir sind, winken wir freundlichst herunter. Keiner, wir wiederholen gerne, keiner von den Stadträten oder Bürgermeistern winkte zurück. Wir empfanden das als sehr unhöflich.

Als die Debatte so dahinplätscherte, brachte unser hochgeschätzter Abrissreferent, Verzeihung, Baureferent allerdings das Totschlagargument schlechthin. Auf einer der alten Kasernen war doch tatsächlich noch eine Malerei von Soldaten mit einer Kanone aus dem Ersten Weltkrieg zu sehen. Dies sei stark kriegsverherrlichend und heute nicht mehr tragbar. Wie sollte man gegen diesen Punkt noch anstinken? In absoluter Ehrfurcht über so viel argumentative Schachmatt-Setzung erstarrend, kam anscheinend keiner der Stadträte auf die geniale Taktik des Überstreichens. Wir als Zuschauer und Lisa als Einzelstadträtin waren machtlos, zum Nichtstun verdammt, denn unserem Webärchen reichte es langsam und es wurde zur Abstimmung gerufen.

Wenig überraschend, da die Mehrheit im Stadtrat aus csU und Grünen besteht, und die von Beginn an für den Abriss waren, wurde dieser auch beschlossen. Ein fader Beigeschmack machte sich in unseren Mündern breit, so funktioniert halt Augsburger Stadtpolitik. Man kann noch so lange diskutieren, haben sich csU und Grüne was in den Kopf gesetzt, dann hilft alles nichts. Der Geschmack wurde noch bitterer, als durch die Initiative „Augsburgs Erbe bewahren" kurz nach der Abstimmung online bekannt gemacht wurde, dass schon eine halbe Stunde bevor der Stadtrat überhaupt abgestimmt hatte, von Planierraupen die ersten Gebäude angefangen wurden, abgerissen zu werden. So ist halt leider auch Politik. Immerhin spielen wir mit dem Gedanken, die Steine des abgerissenen Areals dem zukünftigen Wiederaufbau der Mauer zur Verfügung zu stellen. Somit hätte Augsburg immerhin noch einen kleinen Anteil an einem großen PARTEI-Projekt beigetragen.

Asbest und Altlastensanierung verursachen also zu hohe Kosten und sind wirtschaftlich nicht rentabel, daher wird das ganze Reese-Areal konsequenterweise abgerissen. Entsetzlich nur, dass das altehrwürdige Augsburger Rathaus, so kam danach raus, auch mit Asbest belastet ist. In einem Anfall von Solidarität schlugen wir uns daher auf die Seite unseres Baureferenten und forderten daher die einzig logische Konsequenz, immerhin ist seit dem Zweiten Weltkrieg eh nur noch die Außenwand original und das Rathaus nach so vielen Jahren csU-Regierung schon längst nicht mehr „wirtschaftlich rentabel": Abriss! Zu unserer Verwunderung steht das Gebäude allerdings bis heute noch, ein Teil des Reese-Areals allerdings nicht mehr.

Nur vom Besten gelernt

Dass die reine Abbildung einer Kanone, die wohl mit un-
auslöschlicher Zauberfarbe aufgemalt ist, und Kriegsverherrlichung generell ein Problem unserer heutigen Zeit darstellt, dessen konnten auch wir uns von der PARTEI nicht
entziehen. Daher zückten wir Google Maps und entdeckten
ein lang verschwiegenes augsburgerisches Problem, auf das
wohl sonst noch niemand gekommen war!

Wie Die PARTEI mit
unbequemen Stadtteilen umging

Mittlerweile sind schon ein paar Monate vergangen, seit Die PARTEI in Augsburg glorreich in den Stadtrat einzog. Konnten wir mittlerweile aus dem Brunnen der gegenseitigen Anerkennung großzügig schöpfen? Wohl kaum. Ehrfurchtsvolles Ignorieren und heimliches Belächeln trifft es leider schon eher. In einem hochseriösen Gremium wie der Stadtverwaltung möchte man auch meinen, alles würde mit höchster Ordnung und Richtigkeit zugehen. Beim Durchblättern der jeweiligen Tagesordnungen, beste Lektüre übrigens bei einer langwierigen Miktion, stellten wir kopfschüttelnd fest, dass die Stadt immer noch nicht in der Lage ist, „Die PARTEI" richtig zu schreiben. Weder auf besagter Tagesordnung, noch bei sämtlichen Onlineauftritten. Der Duden war kurz davor zu fliegen. Genauso schwerwiegend: Wir sind nicht die einzige Partei, die schonungslos dadurch durch den Kakao gezogen wird. Die Stadt schreibt immer noch AfD anstatt „FCK AfD", SPD statt „lolSPD" und bei der FDP fehlt jedes Mal der Zusatz „Spaßpartei". Sehr ermüdend, sich jeden Monat erneut darüber zu echauffieren. In unserem Falle aber ein klein bisschen verständlich. Haben wir damals in Textverarbeitung nicht in der Schule gelernt, dass man die Großschreibtaste nicht zu lange überbeanspruchen sollte? Schön, dass anscheinend immerhin ein paar diese Lehre in sich verinnerlicht haben. Oder ist es doch mangelnder Respekt von gewählten Volksvertretern, Google-Faulheit oder Copy und Paste-Verweigerung? Wer weiß das schon so genau. Immerhin hat sogar das Volksmedium Nummer Eins, die Tagesschau, nach

dem glorreichen Einzug von Die PARTEI in den Bundestag
eingesehen, dass man sich ja mal Gedanken machen könnte.
Wir sind gespannt, wie lange es noch in Augsburg dauern
wird.

*Vielen Dank für die Hinweise zur Schreibweise von „Die PAR-
TEI". Wir haben die Postings entsprechend geändert (Tagesschau
Social Media Posts vom 17.11.2020).*

Hurra, endlich war es wieder soweit. Der Stadtrat tagte
nicht mehr in der Kongresshalle, Verzeihung, „Kongress
am Park", sondern ging zurück zu den Wurzeln und zog in
das Rathaus um. Die Genossen waren zufrieden. Endlich
wurde auch die Ranghoheit der Stadträte wieder sichtbar
gemacht. Diese durften durch einen speziellen Seiteneingang das Gebäude betreten, während der Besucherplebs
auf der Vorderseite eintreten konnte. Dass sowas natürlich
von Spaß- und Klamaukpolitikern sowie schmierigen
Kleinstparteien ausgenutzt wird, ist allgemein bekannt. Daher wollten wir den ehrwürdigen Räten etwas Gutes tun
und positionierten uns am Eingang für die örtliche Lokalprominenz. Wir hielten unsere Adleraugen für mögliche
Scharlatane und Halunken weit offen. Die Stadträte und höheren Tiere wurden freundlichst begrüßt, von eintretenden
FCK AfD Politikern, die übrigens jeden Monat der Stadt ca.
6.400€ kosten, wurde Abstand gehalten. Dass eine Gesichtererkennung in Zeiten von Corona alles andere als einfach
ist, bewies uns ein Parteigenosse vor Ort. Ein nahender,
nichtgrauer Anzugträger wurde höflichst angesprochen, ob

er denn zum Stadtrat gehöre. Sicher ist sicher, seine mitgebrachten Ordner könnten auch zur Tarnung nur Leerpapier enthalten. Die positive Knigge-Skala erreichte ungeahnte Höhen, denn dem ziemlich verwirrt dreinschauenden, und mit einem fragenden „Ja?“ antwortenden Individuum wurde informativ noch kurz aber präzise der Weg in den Sitzungssaal erklärt. Erst nach einer weiteren Antwort in Form eines genervten „Ja, das weiß ich!“ und dem Verschwinden des Herren wurde Aufklärungsarbeit geleistet. „Das war doch der Baureferent, der ist schon seit Jahren im Stadtrat“. Hoppla, aber zur allgemeinen Verteidigung: Der niederbayerische Genosse hatte den guten Herren bisher nur von hinten oder mit Maske gesehen. Immerhin war er uns nicht böse. Das Nichterkennen beruht ja eh auf Gegenseitigkeit.

Dann traten auch wir endlich in das Rathaus ein. Sofort sah man den großen Nachteil der neuen Location: Besucher im selben Raum wie die Stadträte waren nicht mehr erwünscht. Ja nicht einmal auf demselben Stockwerk durfte man sich aufhalten. Spontan wurden unter uns Unterredungen abgehalten. Waren wir dran schuld? Hatte doch jemand von uns beim letzten Mal etwas von der Empore auf die Stadträte geworfen? Nachdem auf diverse Mütter mit Nein geschworen wurde, war unser Gewissen auch schon wieder beruhigt. In der Halle im Erdgeschoss wurde großzügig für das politikinteressierte Publikum aufgetischt. Ganze handgezählte 15 Sitzplätze, selbstverständlich mit zwei Meter Abstand, wurden mit Blut, Schweiß und Tränen aufgestellt. Gott sei Dank gelang es jedem Parteianer, einen zu ergattern. Die Genossen waren um die Dauerbelastung der Gesäßmuskulatur dankbar. Wer keinen heißbegehrten

Platz ergattern konnte, durfte auf dem gemütlichen Steinboden Platz nehmen oder stehen. Ein handelsüblicher Fernseher, der die immer gleiche filmisch-monotone Perspektive aus dem Sitzungssaal präsentierte, sollte für den Pöbel ausreichen. Nur wahre Statikkenner des Rathauses wissen, dass der überdimensionale Saal im Erdgeschoss nicht für einen zweiten, gar größeren Fernseher, oder ein paar mehr Stühle ausgelegt war. Die Leute hätten sich ja dann nur unnötig über die ganze Fläche verteilen müssen und hätten als Stehgruppen sich nicht dicht aneinanderstehend sofort über die Sitzung austauschen können. Genial! Dass dann doch wieder die Coronakarte gespielt wurde, merkten wir anhand der Aufforderung, dass sobald die Sitzung ein paar Stockwerke über uns losgeht, wir die Masken aufsetzen müssen. Die Tatsache, dass wir diese Aufforderung mit der Zeitangabe von „in fünf Minuten bitte Maske aufsetzen“ bekamen und wir davor schon eine gute Viertelstunde ohne

Vom großzügigen Ambiente begeisterte Genossen

dasitzen durften, hinterfragen wir nach reiflicher Überlegung nicht. Man will ja auch nicht unnötig anecken. Und muss schon gar nicht alles verstehen heutzutage.

Eine Stadtratsitzung online zu streamen, um sie der breiten Masse, auch im Nachhinein, zur Verfügung zu stellen, war zu dem Zeitpunkt natürlich kompletter Blödsinn. Jeder Mensch sollte doch in der Lage sein, sich an einem Donnerstag fast den kompletten Nachmittag freizuhalten. Forderungen zum Onlinestreaming? Pah, uninteressiertes Pack!

Bevor wir jedoch zu unserem nächsten wirklich sehr guten Antrag kommen, sei an dieser Stelle noch ein Geniestreich unserer Stadträtin Lisa angesprochen. Nachdem wie üblich unser Webärchen wieder durch die Tagesordnung und Sammelabstimmung im Eiltempo durchsprintete, wie diverse csU-Politiker beim Maskendeal zum Jutebeutel mit dem Eurozeichen drauf, ging es um die Vergütung der Stadträte. Diese verzichten ja gern mal medienwirksam auf ihre „Entschädigungen", naja, vielleicht nicht sofort. Auf den Vorschlag, in Corona-Zeiten doch mal ein bisschen ein Signal nach außen zu setzen und die großzügigen Aufwandsentschädigungen anzupassen, während tausende Menschen in Kurzarbeit geschickt werden, oder gar ihre Jobs und das Lebenswerk verlieren, wurde nur halbherzig eingegangen. Immerhin wurden in den letzten sechs Jahren die Bezüge laut eigener Aussage um satte 30% erhöht. Aber selbstverständlich. Die würden wir uns doch auch nicht für das murrende Volk wieder wegnehmen lassen, wo kommen wir denn da hin! Lieber erst mal einen Kompromiss finden und Gras über die Sache wachsen lassen. Daher hat die Kombination aus csU und Grüne logischerweise den Vorschlag eingereicht, das ganze erst ab 1.1.2022 geltend zu machen. Sowas zieht ja einen Rattenschwanz an Bürokratie mit sich. Man will sich ja auch nicht überarbeiten. Mit 56 zu 3 Stimmen wurde es natürlich vom Stadtrat angenommen. Die absolute Königslösung! Das Zeichen für das Stimmvieh wurde gesetzt. Und wer denkt da schon noch in über einem Jahr daran. Man kann es ja insgeheim in einem Hinterzimmer immer noch kippen. Dufte Sache, denn 95% der Stadträte können nicht behaupten, sie hätten nicht solidarisch für die Anpassung gestimmt. Ein Geniestreich! Unsere Lisa hat übrigens auch für die Annahme des Vorschlages gestimmt. Ihre Begründung: „Da ging es nur um ehrenamtliche Mitglieder und zum Beispiel nicht um die Referenten und den Oberbürgermeister selbst, das hat mir da alles drin gefehlt, denn das wäre ebenfalls mit zu beachten". Genial, Geld behalten und trotzdem ein reines Gewissen. Da haben wir uns sauber aus der Affäre gezogen!

Doch endlich durfte Lisa ihre erste große Rede im altehrwürdigen Augsburger Stadtrat halten. Und das auch noch im Rathaus, eine angebrachtere Kulisse konnte es dafür nicht geben. Einen Hauptpunkt unseres Baureferenten, dass eine gemalte Kanone auf einem der Gebäude im Reese-Areal kriegsverherrlichend sei, und dieses daher komplett abgerissen werden muss, konnten wir natürlich absolut nachvollziehen. Deutsche und Krieg, das hat noch nie so recht gepasst, haben wir ja auch seit den 1870er Jahren keinen mehr gewonnen. Lieber bei Autos, Sport oder Coronafallzahlen bleiben, das können wir besser. Und Augenblick. Mit Augsburg, da war doch noch was. Wir zückten Wikipedia und bestätigten sicherheitshalber nochmal den selbsternannten Zusatztitel der Häuseransammlung: Friedensstadt.

Na, da kann es ja wohl nicht sein, dass es Gebäude mit bemalter Kriegsapparatur gibt. Alles, was mit Krieg zu tun hat, muss aus einer Stadt mit dem Wort Frieden im selbstgewählten Untertitel natürlich verschwinden. Geschockt und beschämt waren wir dann natürlich, dass es immer noch einen Stadtteil gibt, der Kriegshaber heißt. Unfassbar und mittlerweile unverzeihlich. Wir mussten natürlich etwas tun und fachgerecht handeln. Den ganzen Stadtteil abreißen hätte für die Stadt mit Sicherheit zu hohe Kosten verursacht, die sie wohl wegen der aufkommenden Thematik des umzubauenden Staatstheaters (hierzu später mehr) nicht hätte stemmen können. Doch anhand des Präzedenzfalles der Langemarckstraße, die aufgrund von nationalsozialistischer Vergangenheit umbenannt wird, hatten wir die einfachste Lösung für alle Parteien parat: Kriegshaber umbenennen in das totale Gegenteil, Friedensbringer. Gesagt, getan und eingereicht:

Sehr geehrte Frau Oberbürgermeisterin Eva Weber,
ich, Lisa McQueen, Einzelstadträtin Die PARTEI, stelle folgenden Antrag auf <u>Umbenennung des Stadtteils „Kriegshaber" in</u>
<u>„Friedensbringer"</u>.
Begründung: Immer wieder stoßen wir in Augsburg auf die Überreste des Ersten und Zweiten Weltkriegs. Unter anderem wurde in der Sitzung am 28.05.2020 von Gerd Merkle auf alte Nazi-Strukturen an den Gebäuden in der Reese aufmerksam gemacht, die nun abgerissen werden sollen. Zudem wurde auch die Umbenennung der Langemarckstraße seit Jahren diskutiert und nun beschlossen. Da es offensichtlich ist, dass die Stadt nicht in der Vergangenheit versumpft, sondern nach vorne schauen möchte

und eher positive Namen, statt Benennungen mit kritischen Geschehen haben möchte, ist es unausweichlich, Kriegshaber in Friedensbringer umzubenennen. Man kann und will sich nicht länger mit Tod, Tyrannei und Unterdrückung identifizieren, sondern zeigen, dass Augsburg eine weltoffene Stadt ist.

Ein weiterer Punkt der für die Umbenennung spricht: Man kann nicht Friedensstadt sein wollen und einen Stadtteil mit dem Namen „Krieg" führen.

PS: Sollte dieser Antrag nicht mehrheitsfähig sein, wird mein nächster Antrag sein: Kriegshaber aus der Friedensstadt Augsburg auf Ewigkeit zu verbannen.

Mit vielen lieben Grüßen, Lisa McQueen

Der argumentativ treffsichere Antrag wurde fachgerecht eingereicht und zu unserer allgemeinen Überraschung, wir dachten, er würde genauso abgeschmettert wie die meisten anderen, bis in die Stadtratsitzung zu Abstimmung weitergereicht. Bevor Lisa nun endlich ihre Rede zum Antrag anfangen durfte, wurde noch Aufklärungsarbeit in Form der Oberbürgermeisterin Eva Weber (csU) betrieben. Sie erklärte Lisa und der anwesenden Räteschaft, dass der Name „Kriegshaber" mitnichten etwas mit Krieg zu tun habe. Die Benennung lasse sich wohl aus den Worten Gries, frühdeutsch für Kies oder Sand, und Haber, für Hafer, herleiten. Also einem sandigen Haferfeld. Ja dankeschön fürs informieren! Wir sind zwar zu untalentiert zum selber googeln, aber unsere Lycos-Suche hat ungefähr dasselbe ergeben. Aber Krieg ist nun mal Krieg, egal woher es kommt. Beim Bild am Reese-Gebäude wurde auch nicht hinterfragt, ob die Farben dafür wohl möglich von einem pazifistischen Malerbetrieb gekommen sind. Das Endprodukt zählt. Und

ein Stadtteil mit Krieg im Namen in einer Friedensstadt ist
fürs Image denkbar ungünstig. Daher setzte Lisa unbeirrt
zu ihrer Rede an. Hier der exakte Wortlaut:

*Sehr geehrte Frau Oberbürgermeisterin, hochgeschätzte Stadtrat-
kollegen,*
*wir Augsburger waren schon immer gut in Verdrängungskultur.
Wozu auch das Negative bedenken, wenn man Positives hervor-
heben kann. Daher nennen wir uns ja auch gerne Friedensstadt,
den Titel lassen wir uns natürlich ungern wieder nehmen. Unge-
achtet der Tatsache, dass es nach der Einführung des Friedensfes-
tes 1650 immer noch Hexenverbrennungen und Antisemitismus
in Augsburg gab.*
*Wir klammern uns immer noch an den vor 465 Jahren unterzeich-
neten Augsburger Religionsfrieden, immerhin brachte dieser
knapp 60 Jahren Frieden. Für uns Deutsche eine Wahnsinns-
quote.*
*Störend bei diesem Titel natürlich unser aktuelles Problemviertel
Kriegshaber. Lästig gewordene, auch noch mit einem Kriegsgerät,
namentlich einer Kanone, bemalte Gebäude wie die Reese-Kaserne
lassen wir schon mal abreissen. Asbestablagerungen kommen uns
natürlich hier sehr gelegen. 74 Jahre nach Kriegsende fällt uns
dann noch der Kriegsbezug der Langemarckstraße auf, auch diese
wird erfolgreich umbenannt.*
*Dass es aber in der selbsternannten Friedensstadt Augsburg im-
mer noch einen Stadtteil gibt, welcher das Wort „Krieg" im Namen trägt und in welchem sowohl im Mittelalter ein Galgen
stand, als auch im Dritten Reich ein Konzentrationslager, muss
schnellstmöglich geändert werden.*
*Daher beantrage ich die Umbenennung von Kriegshaber in Frie-
densbringer. Ebenso wie wir die Kanone der Reese-Kaserne nicht*

übermalen konnten, können wir auch das komplette Viertel nicht abreissen.

Tragen sie also bei der Abstimmung dazu bei, diesen namentlichen Schandfleck aus unserer schönen Friedensstadt verschwinden zu lassen. Kriegshaber hat den niedrigsten Altersdurchschnitt aller Stadtteile, ermöglichen sie der Zukunft von Augsburg also einen passenderen Namen. Immerhin stellt bei einem Namen wie Friedensbringer niemand mehr unangenehme Fragen zur Vergangenheit. Am Ende kommt noch jemand auf den Gedanken in Kriegshaber, gelegen in einer Friedensstadt, habe mal Krieg geherrscht.

Vielen Dank!

Tosender Applaus blieb leider aus. Auch unmittelbar nach Lisas Rede zweifelte unser Webärchen immer noch an den Informationsbeschaffungsfähigkeiten der Genossen. „Diese Rede beweist, dass Sie mir eben nicht zugehört haben", so das Stadtoberhaupt. Seien Sie an dieser Stelle versichert: Oh doch, wir hören Ihnen immer zu, was glauben Sie, wieso wir trinken? Meme-Garant Andreas J. von der FCK AfD meldet sich zu Wort. Die einzige Wortmeldung in der ganzen mehrstündigen Stadtratsitzung. Haben wir schon erwähnt, dass die 4 Stadträte der FCK AfD der Stadt jeden Monat ca. 6.400€ kosten? Naja, egal. „Ich weiß jetzt nicht, ob das einfach nur Satire ist, aber denke, wir können uns den Schmarn sparen!", so der Dauerrechtsabbieger. Sofort meldet sich Frau Weber wieder zu Wort: „Herr J., Anträge in diesem Haus als Schmarn zu bezeichnen, zeigt nur von Respektlosigkeit. Ich bitte dies in Zukunft zu unterlassen!" Oha, damit hatten wir nicht gerechnet, die Frau hat wahrlich auch ihre positiven Eigenschaften. Lisa schmunzelte, die anwesenden Parteianer im Zuschauerbereich amüsierten sich prächtig. Denkbar knapp, in einem historisch engen Ausgang, wurde der Antrag dann doch mit 1 zu 58 Stimmen abgelehnt. Skandalös hierbei, dass sämtliche Parteien, außer Die PARTEI natürlich, konform mit der FCK AfD abgestimmt haben. Sie sollten sich alle schämen! So klein die Welle im Stadtrat war, umso größer war sie in den folgenden Tagen in den Medien. Zeitungen berichteten in gedruckten und digitalen Artikeln über unser Vorhaben:

Mit ihrem Antrag, den Stadtteil Kriegshaber in „Friedensbringer" umzubenennen, hat die Satirepartei Die PARTEI am Donnerstag für Diskussionen im Augsburger Stadtrat gesorgt. [...] McQueen kündigte bereits an, als nächstes den Antrag zu stellen, Kriegshaber aus der Friedensstadt Augsburg auszugemeinden. (Artikel vom 25.06.2020).

Auf eine Verbannung von Kriegshaber aus Augsburg hatten wir dann doch verzichtet. Wir möchten doch den Kolleginnen und Kollegen (gendern, unglaublich wichtig) nicht noch mehr unnötigen Mehraufwand aufdrängen. Nach einer Ausgliederung könnten ja z.B. die Grünen nicht mehr mit ihrem Slogan „Augsburg – Stadt der 300.000 Möglichkeiten" auftrumpfen. Nein, wir helfen viel lieber. Es war uns mit diesem Antrag eine Ehre, kleineren Seiten und Magazinen wie „Alles aus Augsburg" den Social Media Post mit den meisten Likes und Interaktionen, und damit der Seite allgemein mehr Relevanz zu bescheren. Nichts zu danken! Auch in den Kommentaren der Augsburger Allgemeine überschlugen sich unsere Fans mit Lobhuldigungen. Die letztliche Erkenntnis, dass alle Stadträte plus das hochgeschätzte Onlinepublikum von diversen kostenlosen Nachrichtenseiten immer noch nicht so ganz umreißt, um was es uns bei solchen Anträgen geht, hat uns köstlich beim anschließenden Stammtisch in der ehrenwerten Haifischbar amüsiert. Was soll man sagen? Krieg, der Wohnungsmarkt und Politik bringen das Schlimmste im Menschen hervor. Hier ein paar unserer liebsten Reaktionen:

Waltraud
Haben denn die alle eine an der Klatsche? Haben die keine andere Arbeit oder einfach nichts zu tun als sich solchen Blödsinn auszudenken?

Gefällt mir · Antworten · 41 Wo.    9

Sascha
Eine Frechheit dass jemand mit solchen „Ideen" in einem so wichtigen Gremium wie dem Stadtrat sitzt. Schon allein der Name sagt doch, dass es denen nicht um eine ernsthafte zukunftsweisende Gestaltung geht, sondern um Spaß. Dann sollen sie in Köln auf den Fasching. Aber ein Stadtrat ist nicht der Elferrat 😡

Gefällt mir · Antworten · 41 Wo.    3

Michael
Da sieht man mal, wie lächerlich, unfähig und absolut fehl am Platz diese Partei und ihre Mitglieder sind ist. Wie alt war noch mal deren Vorsitzende?! Und da will man wirklich das Wahlrecht noch weiter herabsetzen?! Mann müsste es eher anheben!

Gefällt mir · Antworten · 41 Wo.    8

Rüdiger
Ich sehe in diesem "Antrag" ein Spiegel-Vorhalten für alle, die so langsam überschnappen mit ihrer politcal correctnes in unserem land.

Gefällt mir · Antworten · 41 Wo.    15

Wie Die PARTEI Augsburg
verschönern wollte

Nachdem wir uns nun schon einige Zeit mit den büro-kratischen Abläufen, die nun mal Hand in Hand gehen mit der Tatsache, dass wir nun eine Stadtratspartei sind, herum-schlagen mussten, wollen wir an dieser Stelle auch mal eine Lanze für die Mitarbeiter der Stadt brechen. Monatelanges Herumplagen mit Spaß-, Blödel- und Klamaukanträgen, die sowieso nie umgesetzt werden können, ist sicherlich auf Dauer sehr frustrierend und ermüdend. Aber gut, dass es noch uns, die sehr gute Partei Die PARTEI gibt. Wir verfas-sen natürlich nur höchst seriöse, für jedermann verständli-che und auch sinnvolle Anträge. So auch unseren nächsten.

Um den Hintergrund des nächsten Antrages zu verste-hen, müssen wir kurz ausholen. Ein, mittlerweile stadtbe-kannter Augsburger Künstler, seines Zeichen Schaffer und Verbreiter der legendären Augsburg Blume, wurde wegen illegalem Graffiti von einem Gericht verurteilt und sitzt beim Stand der Erscheinung dieser Zeilen immer noch seine Haftstrafe ab. Warum bekümmert uns das? Nun, der Kunst-werkschaffer steht uns allen von der PARTEI sehr nahe, fer-tigte er doch auch kostenlos Zeichnungen seiner angespro-chenen Blume auf unsere Wahlplakate zur letzten Kommunalwahl. Unsere politischen Nichtgönner schleck-ten sich die Mäuler. Schön nachzusehen in diversen Social Media Posts und einschlägigen lokalen Medien. An dieser Stelle sei erwähnt, wenn Sie, geneigter Leser, zu der Sorte Mensch gehören, die die Onlinewelt der sozialen Medien meist meidet: Glückwunsch, alles richtiggemacht! Unsere

Sympathisanten, und sogar diverse Redakteure der Augsburger Allgemeinen, hielten uns die Stange. Wir als sehr gute Partei Die PARTEI stehen natürlich auch geschlossen hinter unserem lokalen Künstler. Wir schätzen seine Werke, seine Art, sein Talent und seinen Willen, die Fuggerstadt, und sei es nur durch ein paar einfache Zeichnungen, ein kleines bisschen schöner machen zu wollen. Aber: Wir wissen selbstverständlich auch, dass das Bemalen von öffentlichem Eigentum eine Illegalität darstellt und dafür die Verursacher zur Rechenschaft gezogen werden müssen. Das R in PARTEI steht immerhin für „Rechtsstaat", und dessen Regeln und Normen respektieren wird auch. Doch hier kommt der Knackpunkt an der ganzen Geschichte.

Um was es uns hauptsächlich bei der ganzen Thematik geht, ist die Art des Umgangs mit den Künstlern und der Kunstszene in dieser Stadt, vom Strafmaß mal abgesehen (das ist eine ganz andere Geschichte). Ohne Kunst und Kultur wird es dunkel. Das können wir gerade eindrucksvoll in Zeiten von etlichen Monaten Lockdown erleben. Selbstredend lieber Großunternehmer wie Lufthansa oder die komplette Autoindustrie retten, Kunstschaffende können sich ja, wenn's eng wird, sicher schnell mal eine andere Beschäftigung suchen. Wenn sie kein Brot haben, sollen sie doch Kuchen essen! Sicherlich, wir können hier schön daherreden, und die Lösungen sind natürlich nicht so einfach. Aber Fakt ist: Talentierte Künstlerinnen und Künstler (gendern! Müssen wir noch mehr sagen?) gibt es in Augsburg zu Genüge. Warum nicht also etwas mit ihrem Talent anfangen? Warum damit nicht etwas Gutes schaffen? Warum ihnen nicht Plattformen bieten, in denen sie sich zur positiven Mitgestaltung der Stadt, wie etwa einer Verschönerung der

Innenstadt, austoben können? Tja, der Augsburger Stadtrat hat 2019 nach Beschlussvorlage der csU, von wem auch sonst, entschieden, dass die Innenstadt in einem bestimmten Radius nicht mehr bunt gestaltet werden darf. Kein Eigentümer darf mehr seine Hausfassade farbig/bunt anstreichen. Unabhängig vom Baujahr des Hauses. Schade, dabei schmücken wir uns doch so gerne mit Häusern wie dem Weberhaus am Moritzplatz, weil das doch so schön bunt bemalt ist und ausgeleuchtet natürlich sehr präsentabel aussieht. Man munkelt auch (wir verwenden bewusst die Gerüchteform), dass diverse Künstler gute Aufträge in der Augsburger Innenstadt, auf Wunsch der Objektbesitzer, hätten erhalten können. Politische Obrigkeiten hätten dies allerdings nicht so fein gefunden und ein Veto eingelegt. Achja, wenn persönliche „Fehden" in das Berufsleben anderer Menschen eingreifen.

Daher dachten wir uns, dass wir dem endlich ein Ende bereiten müssen und stellten den Antrag einen Stadtmaler einzustellen. Wer auch ein bisschen über die kunstgeschichtliche Gestaltung von Augsburg erfahren will, dem sei hier der ausführliche Antrag ans Herz gelegt:

Sehr geehrte Frau Oberbürgermeisterin Eva Weber, ich Lisa McQueen von Die PARTEI, stelle folgenden Antrag:
<u>Augsburg braucht wieder einen Stadtmaler.</u>
Die Stelle soll ausgeschrieben werden und für einen Zeitraum von drei Jahren besetzt werden und dem Referat „Bau" untergeordnet sein. Die Augsburger Innenstadt muss wieder für legale Wandbemalungen und Murals zur Verfügung gestellt werden. Aus rein historischer Sicht ist dies ein MUSS. Private Immobilien-Eigentümer sollen auch in der Innenstadt selbst entscheiden dürfen,

ob sie ihre Fassaden bunt gestalten lassen möchten oder nicht. Kunst am Bau muss in Augsburg stärker berücksichtigt werden, dafür muss Geld vorhanden sein oder an anderer Stelle am Bauprojekt eingespart werden.

Begründung: Wieso lässt man unsere Generation und ihre Künstler keinen Fußabdruck ihrer Zeit hinterlassen und Geschichte malen für die Augsburger in 200 Jahren. Viele Jahrhunderte war Augsburg das deutsche Zentrum der Fassadenmalerei. Es gibt aus historischer Sicht keinen Grund, diese in der Innenstadt zu untersagen. Es ist förderlich, um die echte Geschichte unserer Stadt zu erhalten. Unsere heutige Ansicht von unserem Stadtbild ist historisch gesehen schlichtweg falsch und wir sollten anfangen, zu unseren Wurzeln zurückzukehren. Das ist eine Maßnahme, um auch unerwünschte Graffiti zu unterbinden. Wo Buntes ist, muss man auch nichts hinmalen.

Noch bis vor dem Zweiten Weltkrieg konnte man an vielen Augsburger Gebäuden die für die Fuggerstadt typischen Fassadenmalereien bewundern. Die Erinnerung daran halten einzelne Gebäude wie das Weberhaus, das Kathan-Haus und Bilddokumente im Bayerischen Landesamt für Denkmalpflege aufrecht, die sehr alt sind. Heute geben praktisch nur noch diese Bilder eine Vorstellung von dem sinnlichen Glanz, den die vielfältige Farbigkeit der Gebäude in früheren Zeiten verströmte.

Schon im 16. Jahrhundert begannen zahlreiche Augsburger Hauseigentümer, ihre Gebäude mit Fassadenmalereien zu schmücken. 1503 berichtete Anton Lalaing, der Kammerherr Philipps des Schönen, dass Augsburg voll sei „von schönen Häusern, die in der Mehrzahl bemalt sind". Und 1644 schwärmte Kardinal Rossetti in einer Reisebeschreibung von den auf der „Straßenseite prachtvoll bemalten Gebäuden, wodurch das Gemüt ergötzt, zur

Bewunderung hingerissen wurde und die Feinheit der Bemalung die Meister lobte".

1790 zeigte sich Johann Wolfgang von Goethe von den Augsburger Fassadenmalereien sehr beeindruckt. Besonders bewunderte er die Werke von Johann Evangelist Holzer und „Holzers Freiheit durch den frohen Begriff, an Häusern außen zu malen. Ich halte das für einen glücklichen Stand, wer Heilige an den Außenwänden malen konnte und wollte. Die Fröhlichkeit und Freiheit vergleicht sich mit nichts. Der Teufel hole den Geschmack, der ernst und traurig ist. Augsburg dagegen ist Sonnenschein". Die besten und bekanntesten Maler ihrer Zeit wurden mit der Bemalung von unzähligen Augsburger Fassaden beauftragt, sodass Goethe meinte, er müsse in Augsburg keine Galerie (Museum) besuchen, da man die besten Arbeiten in der frischen Luft an den Fassaden bestaunen könne.

Das Konzept des Ensembleschutzes in seiner heutigen Form entstand in den siebziger Jahren. Die Stadt Augsburg hat hier wohl einiges falsch verstanden. Die prägende Bauweise und Fassadengestaltung der Siebziger (Bauhaus – grau, weiße, kühlfarbene Kuben) wurde als schützenswerter Stil übernommen, der sich nach der Entstehung des Ensembleschutzes bis heute durchzieht. Das ist aber nicht unsere historische Vergangenheit, sondern eine farbenfroh gestaltete Stadt.

Mit vielen lieben Grüßen!

Wenig überraschend wurde diese Idee vom zuständigen Referenten, ohne sie zur Abstimmung in den Stadtrat zu geben, abgelehnt. Selbstverständlich verweist er auf den Denkmalschutz der Gebäude, da kann man wohl leider nichts mehr machen. Er merkt ebenfalls noch informativ an, dass es zwar in anderen Städten wie etwa Basel solche Posten gibt, aber die Fassadengestaltung falle nicht mehr in das Aufgabengebiet heutiger Stadtmaler. Interessant wird es, als unser aller Baureferent noch ein Zitat vom Landesamt für Denkmalpflege in den Raum wirf: „Es ist zu differenzieren zwischen dem Schaffen einer Stelle für einen Stadtmaler / einer Stadtmalerin auf der einen Seite und dem ebenfalls angesprochenen legalen Bemalen von Fassaden (insbesondere in der Augsburger Innenstadt)“. Die so genannten legalen Flächen sollen allerdings nicht von den Stadtmalern aktiv bearbeitet werden, nein, es solle eher über die künstlerische Arbeit ein Dialog mit der lokalen Bevölkerung entstehen. Zu Deutsch: Wie man etwas anmalen sollte dürft ihr gerne äußern, aber das anstreichen selber soll doch bitte wer anders übernehmen. Dem Ganzen die Krone aufgesetzt, hat schlussendlich der Satz, dass gegen die Schaffung einer entsprechenden Stadtmalerstelle in Augsburg aus denkmalpflegerischer Sicht selbstverständlich keine Einwände bestehen würden. Knapp ein Jahr später gab es natürlich immer noch keine Ausschreibung für eine Stelle dieser Art.

Wir von Die PARTEI sagen nochmal ganz deutlich: Schafft künstlerische Flächen, geht mit den Künstlern in Dialoge, versucht ihre Lage zu verstehen und behandelt sie nicht wie Schwerverbrecher. Die Lage geht mittlerweile so weit, dass in Augsburg wegen Kreidezeichnungen, die auf Catcalling hinweisen, ein kompletter Löschzug mit mehreren Autos anrückt. Zeigt euch als Großverdiener, die die hohen Amt- und Würdenträger in der Politik nun mal sind, nicht so abwertend den selbstständigen Künstlern gegenüber, die nicht eurem Verhalten oder Geschmack entsprechen. Wir sagen dazu nur: Schlimm! Und nochmal unsere schöne Welt des Social Media angesprochen: An alle, die in Kommentaren auf sämtlichen Plattformen Sätze und Forderungen fallen lassen wie „Richtig so, auf ewig wegsperren diese Verbrecher" und Ähnliches: Ihr wärt vermutlich auch im Mittelalter diejenigen gewesen, die bei Hinrichtungen in der ersten Reihe gestanden haben, den Verurteilten nochmal bespuckt und dem Henker zugejubelt hätten. Hat sich die Menschheit in den letzten 1000 Jahren in gewissen Dingen wirklich zivilisierter weiterentwickelt?

Gardinen skandinavischer Herkunft als vorübergehende Wohnungseinrichtung

Wie Die PARTEI zu einem historisch
höchst belasteten Theater stand

Wir von der sehr guten Partei Die PARTEI freuen uns, was vielleicht auch gar nicht mal so interessant ist, ja wirklich auf jede Stadtratssitzung. Auch wenn uns im Vorfeld schon bewusst ist, dass es mal wieder ein bisschen länger und für den Zuschauer anstrengender sein könnte als sonst. Auf der Tagesordnung stand nämlich ein absolutes Prestigeprojekt der Stadt Augsburg: der mögliche Ausbau des Staatstheaters. Falls jetzt allgemeine Verwirrung entstehen sollte, hier eine kurze Erklärung: Ein Theater ist ein Ort, in dem der geneigte Zuschauer nach einem, zumeist kostenpflichtigen, Einlass Schauspielern zusieht, wie sie versuchen, glaubhaft eine Rolle zu spielen und verschiedenste Aussagen der Menge authentisch rüberbringen wollen. Natürlich basiert dies alles nur auf Drehbüchern und Fiktion. Also eigentlich fast wie der Augsburger Stadtrat. Nur dass man diesen noch kostenfrei in seiner vollen Pracht genießen darf. Zurück zum Staatstheater. Ein kurzer Blick auf die Tagesordnung ließ schon erahnen, das wird eine längere Angelegenheit mit Gegenreden und Befürwortern. Und am Ende wird dann so abgestimmt, wie es die csU verlangt. Der Wucht der drohend uns bevorstehenden Redebeiträgen und deren Überlänge vollkommen gewappnet, brauchten die anwesenden Parteianer doch noch mal eine ruhige Minute vor dem Rathaus. Kurz wurde innegehalten, die dürstenden Kehlen nochmals angefeuchtet, ein Stoßgebet zu unserem GröVaZ Martin Sonneborn gen Himmel geschickt, gekonnt eine Selbstfotografie angefertigt und dann der Gang ins Rathaus gewagt.

Durstig, ausgeschlafen und auf alles vorbereitet: Die Genossen vor der Marathon-Sitzung

Um uns natürlich wieder die besten der wenigen Sitzplätze zu sichern, waren wir relativ früh erschienen. Dies war allerdings gar nicht nötig. Beim Anblick des Saales im Erdgeschoss flog uns fast unsere heilige rote Krawatte weg. Es waren nicht mehr nur 15 Sitzplätze für den Plebs, der weiterhin ein Stock tiefer vor einem Fernseher sitzen musste, bereitgestellt, sondern ganze handgezählte 120. Hat sich unser Tipp für die eifrigen Mitarbeiter beim letzten Mal, auf dem Rathausspeicher nach mehr Stühlen umzusehen, doch gelohnt. Die PARTEI regelt, nichts zu danken! Streberhaft wurde in der ersten Reihe Platz genommen, denn der Fernseher wurde natürlich nicht gegen einen größeren ausgetauscht und man will schließlich in den vollen

HD-Genuss der Oberbürgermeisterin kommen, da die Kamera natürlich weiterhin starr auf sie gerichtet ist. Deren höchst spannenden Diskurs über 400 Jahre Ratssitzung im Augsburger Rathaus konnten wir gerade noch so hören. Den mit Sicherheit tosenden Applaus der sichtlich begeisterten Sitzungsgeldverschlinger dann schon nicht mehr. Der Ton und das Bild waren selbstredend mal wieder miserabel und ersterer fiel hier zum ersten Mal aus. Tradition wird eben, wie wir gerade erfahren haben, in Augsburg gepflegt. Ganze sechs Medienfacharbeiter, die am Fernseher und an den Boxen werkelten, waren nötig, um nach guten 15 Minuten die Lautstärke auf ein angenehmes Level zu bekommen. Was für ein Service! Einen Stream für alle außerhalb des Rathauses gab es natürlich noch nicht. Wo kommen wir denn da hin? Krankmachen oder Urlaub nehmen unter der Woche ist doch für Politikinteressierte nun wirklich nicht zu viel verlangt, oder?

Dem Thronsaal einer Queen würdig

Endlich wird dann über das Topthema des Tages philosophiert. Mit einer kurzen Mittagsunterbrechung dauerte es ganze sechs Stunden bis es zu der Abstimmung kommen sollte. Herrlich! Der Finanzreferent spricht von einem Jahrhundertprojekt. Amüsant, man stelle sich die Generation im Jahr 2120 vor, wie sie staunend vor dem schicken Staatstheater steht und sich einfach nur denkt: Danke! Vorstellen darf man sich ja alles. Unser hochgeschätzter Baureferent darf natürlich auch zu Wort kommen. In einer höchst professionellen Powerpoint Präsentation zeigt er uns in einer überdurchschnittlich simplen Grafik, was alles am Gebäudekomplex neu gemacht werden müsste: so gut wie alles. Die Kosten für diesen Prestigebau gleichen einem absoluten Schnäppchen. Ging die Stadt noch von 186 Millionen Euro aus, könnte der neue Preis, hoppala, bei ca. 320 Millionen Euro liegen. Aber absolut kein Problem, kann man sich ja schließlich vom Freistaat Geldspritzen holen, wie es einem gerade passt. Was scheren da im Jahr 2020 schon die Tausende von Arbeitslosen, die wegen Corona den Job verloren haben, ihre Selbstständigkeit aufgeben mussten, oder einfach monatelang auf Unterstützungsgelder hoffen, die nie ankommen. Immerhin haben sie in ein paar Jahren ein schickes neues Staatstheater. Immer dieser Pöbel! Bekommt so viel und gibt so wenig.

Nach mehreren Stunden, in denen uns Schauspielbefürworter versuchen zu erklären, warum eine Stadt für 320 Millionen Euro ein neues Theater braucht, drückt die Blase. Ohne Bier war das Ganze einfach nicht auszuhalten. Die örtlichen sanitären Anlagen werden aufgesucht. Als einer unserer Genossen im Einzelsitzungssaal der Toiletten seiner Entleerung frönt, vernimmt er vom Pissoire die Stimmen von zwei Stadträten, die sich gähnend darüber beschweren, wie langweilig die heutige Sitzung mal wieder wäre. Für den Zuschauer mit Sicherheit, aber die gewählten Räte müssen immerhin um 320 Millionen abstimmen. Beim Verlassen der Kabine überrascht es nicht, dass es sich bei den beiden um Vertreter der FCK AfD handelt. Welch ein Anblick, da stehen gerade ca. 3200 Euro monatliche Steuergeldverschwendung beim Wasserlassen. Doch auf eine gute Erziehung wird Wert gelegt und daher freundlichst grüßend an den grimmig schauenden Stadträten vorbei zum Waschbecken gegangen. Zurückgegrüßt wurde nicht, wie unhöflich. Als sich alle Parteivertreter anscheinend wieder auf ihren Plätzen eingefunden haben, glänzt die FCK AfD dann mit einem weiteren ihrer wirklich konstruktiven Redebeiträge. Man werde weder so noch so abstimmen. Gut, später haben sie dann doch in eine Richtung abgestimmt, so viel dazu. Aber sapperlott, da haben die uns doch tatsächlich unseren sehr guten Standpunkt geklaut. Jetzt müssen wir uns natürlich was Anderes überlegen, denn frei nach dem Motto unseres Europastandpunktes stehen wir natürlich in der absoluten Mitte zur Thematik: Ja zum Theater! Nein zum Theater!

Nach einigen Stadtratsitzungen, an denen wir schon die Ehre hatten, als Zuschauer teilzunehmen, können wir nur für folgenden Vorschlag plädieren: Lasst das Rathaus Rathaus sein und verlegt die Sitzungen des Stadtrates einfach gegen einen kleinen Obolus ins Staatstheater. Ganz unter uns, besseres Theater findet man nirgendwo in ganz Augsburg. Mittlerweile kommen auch die Gegner des Ausbaus zu Wort. Per Handzeichen gibt es 15 gewünschte Redebeiträge, vorsichtshalber öffnen wir uns jetzt schon ein Bier. Auf den Wunsch der Oberbürgermeisterin, jeder solle sich kurzfassen, damit auch alle zu Wort kommen, reagiert ein Vertreter der Freien Wähler erst Mal mit einem 15 Minuten Redebeitrag. Exzellent. Unsere Biere werden sofort geext, sicher ist sicher. Mittlerweile sollte auch jeder Leser wissen, wie es zu sechs Stunden Debatte kam. Die besten Sätze, die uns in der, sich wie Gummi ziehenden, Unterredung noch im Kopf geblieben sind, waren: „Das Gebäude ist ein einem viel schlechteren Zustand als man erwarten konnte", „es wird ein Theater der Zukunft", „Was man für sein Geld bekommt, ist sehr viel meiner, Meinung nach", „kann es sich die Stadt leisten, kein Staatstheater zu bauen" und „wir müssen bauen, denn günstiger wird es nicht". Unterhaltung vom Feinsten.

Dann wurde endlich abgestimmt und sich natürlich für die Mehrkostentragung für das Staatstheater entschieden. Nicht sonderlich überraschend, haben ja csU und Grüne zusammen rund 57% der Stadträte. Es ist somit egal, wie lange oder intensiv debattiert wird. Solange sich die csU etwas vornimmt, wird das auch durchgehen. Die Grünen, die laut dem Vorsitzenden der Sozialen Fraktion treffend als die Bettvorleger der csU betitelt wurden, werden immer mit ihrer neuen Mutterpartei konformgehen. Uneinigkeit in der Stadtregierung wäre ja ein handfester Skandal. Dann doch lieber gegen seine eigenen Prinzipien gehen und schön weiter mitregieren. Macht macht geil! Einen schöneren Fall hierzu haben wir ein paar Kapitel weiter. Die Einigkeit und das Miteinander, welches in der ersten Sitzung des neuen Stadtrats von der neuen Oberbürgermeisterin Eva Weber

ausgerufen wurde, sind natürlich schon längst wieder dahin. Cäsar und Brutus hatten auch mal ihre Einigkeit bekun-
det, wie's ausging, wissen wir. Nach einem wurden ein Sa-
lat benannt. Also glauben wir. Immerhin konnten wir von
der sehr guten Partei Die PARTEI diese Einigkeit, wenn
auch nur kurz, zu einem späteren Zeitpunkt wiederherstellen. Mehr dazu später. Als diese Diskussion nach sechs
Stunden endlich erledigt war, aber die Tagesordnung längst
noch nicht zu Ende, entschieden sich klugerweise sämtliche
Zuschauer ihren wohlverdienten Feierabend zu genießen.
Vier tapfere PARTEI-Recken konnten in Ruhe zu Gersten-
saft greifen und ungestört und in aller Stille weitere Stunden Qualitätsfernsehen genießen.

*Die letzten anwesenden Genossen konnten mit dem Free-TV An-
gebot zufrieden sein*

Ganz auf uns sitzen lassen konnten und wollten wir diese 320 Millionen Euro Steuerentscheidung dann auch nicht. Recherchen wurden eingeleitet, in sämtlichen Stadtarchiven informiert und Erschütterndes kam zum Vorschein. 1939 besuchte nachweislich Adolf Hitler, ehemaliger Bestsellerautor und Postkartenmaler aus Österreich, das Augsburger Stadttheater. Somit gilt das Gebäude natürlich als historisch höchst belastet. Ein Komplettabriss in unserer Verdrängungskultur ist daher wahrlich sehr zu empfehlen. Ebenso vergisst die Stadt, dass Augsburg schon längst ein Prestigeobjekt hat, was wohl, im Gegensatz zum kommenden Staatstheater, den einzigen Grund darstellt warum Menschen von Außerhalb freiwillig nach Augsburg kommen: die Puppenkiste. In Archiven wurde abermals intensiv gewühlt und nachgeforscht. Wir konnten bisher keinen Beleg dafür finden, dass Hitler jemals eine Vorstellung der Puppenkiste besucht hat. Daher zückten wir die Videokamera und drehten höchst spontan ein Aufklärungsvideo für die breite Masse. Die noch nichts ahnende Augsburger Bevölkerung sollte erst mal an der Baustelle des Jahrhundertprojekts selbst darüber informiert werden, wie teuer sie ihr neues Prestigetheater kommen wird. An Ort und Stelle wurde noch sämtliches ehrenwertes Kupfergeld der anwesenden Genossen für den Bau zur Spende eingesammelt, man hilft ja schließlich, wo man kann. Über akute historische Belastung des Theaters und der hitlerschen Jungfräulichkeit der Augsburger Puppenkiste, sowie unserem Umbauvorhaben zur Staatspuppenkiste, wurde ausführlichst informiert. Selbstredend liefen die anwesenden Genossen an der Flasche, der Kamera und am Mikro zu Höchstleistungen auf.

Unser Kameramann und die Genossen bei ihrem un-menschlichen (und unentgeltlichen) Einsatz

Doch eine Kleinigkeit bescherte uns immer noch schlaflose Nächte. Laut Geschäftsordnung sind Enthaltungen im Stadtrat nicht möglich. Man kann also nur mit ja oder nein abstimmen. Sollte man bei einer Entscheidung hadern, oder einfach zu wenig Ahnung von der Thematik haben (haha, also ob das die meisten Stadträte juckt. Wir sind schon manchmal solche Gagmaschinen, was?), können sie einer Abstimmung nur entgehen, wenn sie zufällig die Blase drückt und kurz vor der Abstimmung den Saal verlassen. Gut, man möchte eigentlich von gewählten Räten erwarten können, dass sie in der Lage wären, sich für eine der beiden Richtungen zu entscheiden, aber seien wir ehrlich: Jeder von uns war schon mal in einer Abstimmungslage zu einer

Thematik, die ihm wirklich wurscht war oder er einfach keine Ahnung hatte um adäquat zu entscheiden. Und wenn man keine große Schwesterpartei hat, die einem alles diktiert, führt dies schon mal gern zur ein oder anderen Zwickmühle. Doch guter Rat muss nicht immer teuer sein. Um unserer Lisa bei kniffligen Entscheidungen fachgerechte Hilfestellung zu leisten, wurde für sie „Der WÜRFEL" angefertigt. Somit kann sie Entscheidungen getrost der Methode überlassen, durch welche anscheinend die meisten Kandidatenlisten für die Kommunalwahl entstanden sind: dem Zufall. Außerdem betonte unser GröVaZ ja auch, dass er im Europaparlament immer abwechselnd mit ja oder nein abstimmt, warum dann nicht gleich auswürfeln. Ein hölzernes Klackern, das die peinliche Stille kurz vor einer Abstimmung unterbricht, verhindert außerdem das Einschlafen diverser Stadtratskollegen. Absolut genial.

Aufgrund fehlender PARTEI-Kleidung wurde selbstverständlich ein Parteiaustrittsverfahren eingeleitet

Wie Die PARTEI auf
Gerstensäfte und Urwälder setzte

Im August ging fast der komplette Stadtrat in die wohlverdiente einmonatige Sommerpause. Alle gewählten Stadträte bekamen selbstverständlich die vollen monatlichen Aufwandsentschädigungen trotzdem überwiesen, eine schöne vierstellige Summe. Ließen auch wir, und die anderen 58 Stadträte, uns natürlich nicht entgehen. In ruhigen Nächten konnte man, wenn man ganz still war, einen Selbstständigen, der durch die Coronaregelungen alles verloren hatte, leise weinen hören. Es hätte nur noch die Violine zur passenden musikalischen Untermalung gefehlt. Alles ein Trauerspiel.

Als dann die Sommerpause wieder vorbei war, brach innerhalb der PARTEI in Augsburg das blanke Entsetzen aus. Mittlerweile kennen wir ja den Umgang der Stadt mit kriegsverherrlichender Symbolik. Wir erinnern uns: Das Reese-Gebäude mit der aufgemalten Kanone wurde kurzerhand abgerissen. Als eine Gruppe Parteianer nach dem Verzehr von kaltem Hopfentee sich am Rathausplatz einfand, wurden die Gesichter merklich bleicher. Wie konnten wir und die Stadt dieses kriegerische Monstrum aus dem 16. Jahrhundert nur so viele Jahre übersehen. Die Rede ist von dem Augustusbrunnen, der sich malerisch gegenüber des Rathauses auf dem Vorplatz aufbauscht. Brunnen hin oder her, zu dieser Thematik kommen wir irgendwann in der Zukunft als PARTEI auch noch. Wichtig ist der Name und die Statue des Namensgebers, die gebieterisch und schon mit anmaßender Handgeste auf dem Brunnen thront: die des ersten römischen Kaisers Augustus. Die Historiker innerhalb der sehr guten Partei Die PARTEI informieren: nicht nur hat eben jener Augustus ca. 10 v. Chr. das Gebiet um das heutige Augsburg in einem brutalen Angriffskrieg erobert, auch gehen auf sein Gewissen sicher um die einige tausend Tote mehr, als um die arme Kanone auf dem Reese-Gebäude. Architektonische Art dieser Kriegsverherrlichung ist aber akzeptabel, gab doch jener römische Feldherr der Häuseransammlung einst den Namen der Stadt. Einen kompletten Abriss wollten wir dann aber nach reiflicher Überlegung auch nicht beantragen. Wenn schon keine Tanne auf dem Platz stehen darf, sollte wenigstens der Brunnen bleiben dürfen. Was also tun? Nach dem Verzehr von einigen hopfenhaltigen Kaltgetränken in der ehrenwerten Haifischbar, wussten wir schließlich alle was zu tun ist. Zuerst schauten wir auf unsere Gläser, dann uns in die Augen und schon waren wir uns handelseinig. Es konnte nur diese eine Möglichkeit geben. Wenn dieses angriffskriegsverherrlichende Scheusal schon im Herzen von Augsburg stehen bleiben sollte, dann doch wenigstens mit einem Top-Nebeneffekt. Die paar Wochen im Jahr, in denen dort Wasser fließt, sollte viel lieber Bier sprudeln. Ja, liebe csU, auch Jesus hielt nicht viel von Wasser. Und hätte es zur damaligen Zeit schon handelsübliches regionales Bier gegeben, er hätte auf besagter Hochzeit doch eher das hergezaubert als Wein. Also glauben wir zumindest, ist doch eh alles eine Sache des Glaubens. Nicht dass sich jetzt jemand wegen Gotteslästerung aufregt. Das wird die csU uns gegenüber schon noch erledigen, nur so als kleiner Teaser vorweg. Nunja, aber glaubt nicht uns, glaubt dem sehr guten Antrag den wir eingereicht haben:

Der Stadtrat möge in seiner unendlichen Weisheit beschließen:
<u>Den Augustusbrunnen am Rathausplatz in einen Bierbrunnen</u>
<u>umfunktionieren!</u>
Wenn der öffentliche Personennahverkehr nicht kostenlos wird,
die Mieten steigen und die Arbeitsplätze schwinden, müssen wir
unseren Augsburger Bürgern etwas bieten, um sie bei Stange zu
halten. Hierfür hat die sehr gute Partei Die PARTEI die Lösung.
Der Augustusbrunnen am Rathausplatz muss zum kostenlosen
Bierbrunnen umfunktioniert werden. Das Ganze läuft nach dem
Motto: „bring your own Schoppen".
Begründung: Wir von der sehr guten Partei Die PARTEI stehen
für Freibier für alle. Das möchten wir mit diesem spitzen Konzept
verwirklichen. Dafür lassen sich bestimmt auch regionale und
ortsansässige Brauereien begeistern. Ähnliches steht ja bereits vor
der Riegele Brauwelt. Somit können wir auch die lästige Müllpro-
duktion eindämmen. Mitgebrachte Getränke und Glasflaschen
werden somit im Handumdrehen überflüssig. Mit einem „Wer
hat den schönsten Bierkrug?"-Wettbewerb gehen wir auf Num-
mer sicher, dass jeder diesen auch wieder mit nach Hause nimmt.
Vielen Dank!

Leider kamen diverse, realpolitisch befreite Nüchter-
linge der Stadtverwaltung unserem sehr guten Antrag nicht
nach. Den Augustusbrunnen in einen Bierbrunnen umzu-
wandeln, sei aus lebensmittelhygienischer Sicht laut der
Bauverwaltung nicht möglich. Auch gäbe es die technischen Voraussetzungen in Form von fehlenden geeigneten
Anschlüssen nicht. Schade, es wäre sicherlich eine Investi-
tion für die Zukunft gewesen. So muss der Kriegsherr Augustus weiterhin in feinstem Augsburger Leitungswasser
stehen und auf den Pöbel, den er damals sicherlich auch

kriegerisch angegriffen hätte, mit eisernem Blick herabschauen. Außerdem sei an dieser Stelle gesagt, dass bei uns der Konsum von flüssigem Gold so vieles schon so viel einfacher gemacht hat. Wie wäre sonst der schmierige Wahlkampf der Altparteien vor der Kommunalwahl zu ertragen gewesen? Wie die stundenlangen Debatten und Reden im Stadtrat? Wie die Tatsache, dass ganze vier Vertreter der FCK AfD im Rat sitzen und der Stadt monatlich ca. 6.400€ Steuergelder kosten? Wenn wir schon keinen sinnvollen Bierbrunnen bekommen, dann müssen wir uns eben anderweitig gratis Weizensmoothies beschaffen. Immerhin sind wir hier in Schwaben.

Wie passend, dass wir im September bei unseren täglichen Patrouillen im Stadtgebiet noch diverse Wahlplakate der Freien Wähler fanden. Wohl angemerkt im September, ein halbes Jahr nach Ende der Wahl. Da wir ja eine Kompromisspartei, zu unseren Gunsten natürlich, sind, meldeten wir, im Gegensatz zu anderen Individuen, die gefundenen Plakate nicht sofort. Schon zu unserer sehr guten Sommeraktion „Die PARTEI räumt auf", in welcher wir mit bis zu 20 Leuten (an dieser Stelle möge sich bitte beruhigt werden, das war zu diesem Zeitpunkt im Sommer 2020 noch erlaubt) an Orten wie dem Lech, der Wertach oder dem Kuhsee einfach mal Müll wegräumten, wurden Kompromisse geschlossen. Ein Stadtrat der Freien Wähler sagte uns für kostenlos entsorgte Wahlplakate bei den Müllaktionen einen Kasten Flüssiggold zu. Nach der wiederholten Entdeckung von Plakaten im September konnte der Kollege nicht mehr anders. Dass andere Politiker, außer uns natürlich, ihre Versprechungen gerne vergessen, ist allgemein bekannt. Umso ehrenhafter, dass jener sein Wort hielt und der

Kasten Hefeglück tatsächlich seinen Besitzer wechselte. Bei einem unserer sehr guten Stammtische wurden die 20 Beruhigungssäfte fachgerecht überbracht. Unsere sichtlich entzückten Vorzeigedamen wurden für eine Lichtbildaufnahme vorgeschickt. An dieser Stelle nochmals danke an den Kollegen aus dem Stadtrat für die Stimmen bei der Kommunalwahl. Prost!

Einfach zu erfreuen: die Genossinnen und Gratis-Flüssiggold

Den Schock, aufgrund der ausbleibenden qualitativen Lebenssteigerung durch unseren Bierbrunnen verdauend, grübelten wir über die nächste Möglichkeit das Leben in Augsburg dauerhaft zu verbessern. Nachdem leider schon unser sehr guter Antrag für mehr Grünflächen anstatt Betonwüsten aus uns unerfindlichen Gründen abgelehnt wurde, appellierten wir an die entsprechenden Stellen und den Referenten mit dem nächsten Vorhaben. In Zeiten, in denen die Grünen ihre Ideale, um sich der csU auf kommunaler Ebene anzubiedern, immer mehr verraten, muss eben Die PARTEI handeln. Selbstredend braucht es natürlich mehr Wohnbau, da immer mehr Menschen immer weniger bezahlbaren Wohnbau von Mietgeiern angeboten bekommen. Aber schade zu sehen, wie unsere schöne Baumlandschaft und Natur allgemein immer mehr verschwindet. Daher heißt es nicht wie die Grünen nur reden, sondern handeln. Und so stellten wir den Antrag, dass endlich, wenn nicht schon am Rathausplatz dann überhaupt mal, mehr Bäume gepflanzt werden sollten:

Der Stadtrat möge in seiner unendlichen Weisheit beschließen: <u>Jeder Mensch soll die Möglichkeit bekommen, einen oder mehrere Bäume zu pflanzen.</u>
Hierfür sollen sowohl geeignete Flächen in den einzelnen Stadtvierteln, als auch in der Umgebung gefunden werden. Ausgelegt ist das Projekt in seiner Gesamtheit auf mindestens 700 Jahre! Ziele des Projekts sind das Erhalten und Wiederbeleben einer uralten, kulturellen Tradition, die Entstehung eines neuen Urwaldes und das Erschaffen eines Ortes, an dem Begegnungen stattfinden.
Begründung: Das Pflanzen von Bäumen mit Symbolcharakter hat in unserem Kulturkreis eine lange Tradition. Zu besonderen Anlässen wie Städtepartnerschaften und Hochzeiten oder auch zum Gedenken an die Verstorbenen, als Freundschaftsbekundung, um einen neuen Lebensabschnitt zu beginnen, oder bei Geburt, bei dem der Lebensbaum mit dem neuen Leben mitwächst, werden Bäume gepflanzt. Diese Tradition soll durch das Projekt erhalten

und dort, wo sie verloren ging, wiederbelebt werden. Das Pflanzen eines Baumes und die damit verbundene Möglichkeit, ein heimatliches Gefühl zu entwickeln, kann eine große Chance für Menschen in Städten bedeuten. Menschen, die in Wohnungen ohne Eigentum an Grünfläche leben, haben bis jetzt keine Möglichkeit, einen Baum für ihre Kinder bzw. Liebsten oder als Gedenken an ihre Verstorbenen (Menschen, Tiere) zu pflanzen. Erschafft man Flächen, auf denen es den Bewohnern der Stadt erlaubt wird, Bäume zu pflanzen, kommt es zu einem neuen Gefühl der Verbundenheit und Verwurzelung mit der Stadt. Bäume sind Orte des Erinnerns. Des Erinnerns an Geburt, Verbindung und gemeinsam verbrachte Zeit. All das bedeutet Heimat

Über einen Zeitraum von 700 Jahren einen Urwald entstehen zu lassen, und somit die Zukunft sowie das Stadtbild Augsburgs maßgeblich zu gestalten, ist ein weiteres Ziel des Projekts. Den Ort, an dem der einzelne Mensch innerhalb der ausgewiesenen Flächen den Baum pflanzt, kann frei gewählt werden. Ist ein Standort schlecht gewählt und der gepflanzte Baum stirbt, so gehört das mit zum Kennenlernen der Natur. Auch in der Natur werden nicht alle Bäume erwachsen. Jeder Baum, auch der Tote, erfüllt in der Natur jedoch seinen eigenen Zweck und ist für das Gesamtökosystem wertvoll. Jegliche Biomasse, die auf den Geländen entsteht, verbleibt dort. Es wird kein Material gehäckselt. Maximal werden große Äste mit der Säge zerteilt. Schnittmaßnahmen werden nur von Fachfirmen durchgeführt. Dies geschieht ausschließlich nach dem Minimalprinzip. Das heißt, Totholzentfernung, Sicherung und Erhaltungsschnitt bei sehr alten Bäumen. Durch die nicht vorausgeplante Pflanzung verschiedenster Bäume entsteht eine hohe Biodiversität, die einen stabileren Wald schafft. In Mischwäldern kommt es seltener zu flächendeckendem Parasiten- oder Pilzbefall. Auch die Klimaerwärmung schadet *nicht allen Bäumen gleichermaßen. Es entsteht schon nach relativ kurzer Zeit ein neuer Wald als Lebensraum für Mensch und Tier. An diesen Orten können die Stadtbewohner voneinander und von der Natur durch Erfahrung und Austausch lernen. Es wird Begegnung unabhängig von sozialer Schicht, politischer- oder religiöser Einstellung, Alter und Herkunft möglich. Ein Ort, der als Brücke zwischen Natur und Mensch, zwischen Mensch und Mensch und zwischen Stadt und Mensch fungiert, entsteht. Begegnung ist der erste Schritt für ein Miteinander, für ein „Wir sind die Stadtbevölkerung". Einen Baum pflanzt man immer für die nächste Generation. Obstbäume kommen beispielsweise erst nach 15 Jahren in die ertragreiche Phase. Deshalb ist es an den Eltern, für ihre Nachkommen zu pflanzen und somit deren Zukunft zu gestalten. Um also nachhaltig etwas für die Stadt und deren Bewohner zu tun, muss der Platz für das Projekt auf lange Zeit vor der Bebauung und der damit verbundenen Zerstörung geschützt sein. Auch diese Punkte befürworten eine zeitliche Konzeptanlage auf mindestens 700 Jahre.*

Umgeben von grünen Wüsten wird es Zeit etwas zu ändern. Die aktuell maximale Entnahme und Ausbeutung der Natur, muss überdacht werden. Dabei ist es notwendig, dass an verschiedenen Stellen beobachtbare Projekte stattfinden, die als gutes Beispiel zukunftsweisend. Vielen Dank!

Nur lächerlich kurze acht Monate später bekamen wir dann schließlich sogar vom zuständigen Referat eine Antwort. Diese fiel leider zur großen Überraschung aller negativ aus, bzw. der Antrag wurde aus fadenscheinigen Gründen abgelehnt. Im Schreiben heißt es „die Entstehung eines Urwaldes, muss an dieser Stelle abgelehnt werden. Aus

Gründen der Verkehrssicherheit ist der Punkt Schaffung eines Begegnungsortes nicht vereinbar". Die Stadtverwaltung hält den Standard-Augsburger anscheinend für untauglich, in einem regionalen Urwald klarzukommen. Wir wollen ja keine Tiger oder ähnlich gefährliches Getier auslassen, nur die Natur gedeihen lassen. Aber so wie es aussieht, glaubt die Stadtregierung unter csU und Grünen, dass der Augsbürger nur noch im eigenen Auto sicher ist. Alles wird in Augsburg mit den Jahren teurer, nur die Ausreden werden billiger.

Klimaschutz wird in Augsburg halt noch großgeschrieben. Was wohl die tapferen Recken des Augsburger Klimacamps neben dem Rathaus dazu sagen würden? Immerhin dachten wir uns schon, dass in einer Stadt, in der eine Partei an der Regierung beteiligt ist, die sich ohne rot zu werden, immer noch den Slogan „Klimaschutz – Das Original" auf ihre Plakate druckt, in solchen Angelegenheiten doch nicht so vorangeht, wie man es sich gerne erhofft. Also ergriffen wir die Initiative. Politischen Müll kann man leider nicht auf der Stelle beseitigen, physischen hingegen sofort. Und wenn wir schon keine neuen Bäume bekommen, sollten wir wenigstens die Natur, die uns noch gegeben ist, heile lassen und vom Müll befreien. „Die PARTEI räumt auf" wurde als Veranstaltung ins Leben gerufen. Einfach mal der Umwelt was Gutes tun, wer kennts nicht, liebe Grüne. Ganze dreimal konnten wir unsere Outdoor-Aktivität noch durchziehen, ehe uns die eingeführten Kontaktbeschränkungen, auch im Freien, dann auch hier einen Strich durch die Rechnung machten. Doch solange wir legal unterwegs waren, konnten wir die Stationen Lech, Kuhsee

und Wertach, mit einer erstaunlichen Anzahl von Mitwirkern, die, und davon sind wir natürlich vollstens überzeugt,
die Grünen, auch zustande bringen, ein kleines bisschen
schöner machen. Bisweilen kam auch ziemlich antiquarisches Politgut, in Form von Wahlplakaten des alten Augsburger Oberbürgermeisters (csU) aus dem Jahr 2014 im Gebüsch zum Vorschein. Aber keine Panik, wurde natürlich
fachgerecht alles nur mit Handschuhen angefasst. Ab der
zweiten Sammelaktion konnten wir auch ein geschätztes
Mitglied der Gratisessensverteiler Generation Aux begrüßen. Somit war es überparteilich. Solche Koalitionen sind
doch wünschenswert, im Gegensatz zu anderen wilden
Kombis aus dem Stadtrat.

„Dieser Müll wurde eingesammelt von Die PARTEI"

Wie Die PARTEI
den Stadtrat einst einte

Wie vielleicht der ein oder andere LeserX (so kann man auch gendern, wir sagens immer wieder) bis hierhin bereits rauslesen konnte, sind die FCK AfD, welcher der Stadt Augsburg mit ihren vier Stadträten monatlich ca. 6.400€ Steuergelder kostet, und die sehr gute Partei Die PARTEI nicht die allerbesten Freunde. Und es wäre wohl eine der letzten Parteien, mit denen wir gemeinsam Erdbeeren pflücken gehen würden. Wenn man sich mit ganz viel Krampf irgendwas Positives über diese Partei einreden will, dann, dass sie, mit freundlicher Kooperation von Die PARTEI, wohl zum ersten Mal für absolute Einigkeit im Augsburger Stadtrat gesorgt hat. Kommt ja, trotz wiederholter Beteuerung in der ersten Sitzung dieser Periode, selten bis gar nicht vor. Für die Geschichte müssen wir aber etwas weiter ausholen:

Seit dem 1. Juli 2020 haben umweltbewusste junge Menschen von Fridays for Future sich entschlossen, die schulische Weiterbildung nicht nur am Freitag auf die Straße zu verlagern und eine Dauerdemonstration in Form eines Klimacamps auf dem Augsburger Fischmarkt errichtet. Der Fischmarkt ist direkt neben dem Rathaus, so dass die Stadträte, sollten die Sitzungen im Rathaus sein, direkt an den Klimajüngern und -jüngerinnen vorbeigehen müssen. Dies ist nicht nur für die Amtsträger ein Dorn im Auge, auch viele Augsbürger geben ihren Unmut über den „Schandfleck" in den sozialen Medien freien Lauf. Was schert uns auch die zukünftige Klimaveränderung? Nach mir die Sintflut! Von unserer Seite aus möchten wir an dieser Stelle den

Demonstrierenden nochmal unseren tiefsten Respekt aussprechen und eine Lanze für so viel Hartnäckigkeit brechen: Immerhin sind es nun schon, wenn das Buch erscheint und wir davon ausgehen, dass sich die Umweltpolitik der Stadt nicht großartig ändern wird (Hand aufs Herz, solange sich die Grünen weiterhin als Bettvorleger der csU anbiedern, wird sie das nicht), fast ein Jahr, in welchem sie eine Dauerdemonstration am Laufen halten. Und das Camp auch noch dauerhaft 24 Stunden am Tag besetzen. Zum zehnjährigen bringen wir dann einen veganen Fairtraidekaffee mit Hafermilch vorbei, versprochen. Sämtliche Bemühungen, das Klimakamp gerichtlich zu räumen, haben sich bisher im (Wüsten-)Sand verlaufen. Die Verwaltung der Stadt Augsburg und unser Webärchen bekommen die „Anhäufung von Sperrmüll" (Zitat) einfach nicht weg. Und das ist auch gut so, immerhin zeigt das Camp formidabel die Problemverzögerungspolitik der Stadt: Anstatt auf die Aktivisten zuzugehen, mit ihnen zu reden, wird lieber der Versuch gewagt, das Camp zu räumen, oder die Probleme einfach auszusitzen. Das arbeitslose Pack kann schließlich nicht ewig durchhalten.

Und siehe da, sapperlott, die zotteligen Hippies sitzen jetzt nicht nur neben dem Rathaus, sie liegen schon vor dem Eingang am Boden rum. Als Protestaktion mit einem Spruchbanner „Entschuldigen Sie die Störung. Es geht ums Überleben", lagen die Camper stumm vor dem Gebäude auf dem Asphalt. Wie würden die Stadträte reagieren, die ja zwangsläufig an ihnen vorbeimüssen? Die Aktivisten haben jedoch nicht den Altersdurchschnitt des Stadtrates bedacht: Wir reden von der Generation Tetris! Gekonnt wussten die Stadträte, wo sie sich selbst als Baustein in die

Menge einbinden konnten, um so geschickt über die lästigen Bodenplatten und über das Plakat in die gesicherte Zone des Gratiskaffee und kostenlosen Lunchpaketes a.k.a. Stadtratsaal zu gelangen. Wir sind gespannt, welche Taktik sich das Camp in Zukunft noch so überlegt! Toi Toi Toi!

Aller Ehren wert: Das Klimacamp am Fischmarkt neben dem Augsburger Rathaus

Noch lachte über Augsburg die Sonne, doch die kalte Jahreszeit bricht auch irgendwann an. Wir machten uns zu diesem Zeitpunkt schon Sorgen und Gedanken, was denn mit den tapferen Recken vom Klimacamp über den Winter passieren soll. Aus logistischen Gründen konnte für uns nur das Rathaus zur Überbrückung der kalten Monate in Frage kommen. Daher verfassten wir diesen sehr guten Antrag, der über den ganzen Winter, bis zum Erscheinen dieses Buches, noch nicht bearbeitet wurde und unbeantwortet blieb:

Dinglichkeitsantrag! Der Stadtrat möge in seiner unendlichen Weisheit beschließen:

<u>Die Verteilung der Klimacamper am Rathausplatz in das Rathaus nach dem Königsteiner Schlüssel!</u>

Begründung: Brrrr, kalt! Das sagen die einen schon heute, die Klimakids (m/w/d) draußen vor dem Rathaus bestimmt in den nächsten Tagen auch. Der Winter steht vor der Tür, und leider ist die globale Erderwärmung noch nicht so weit vorangeschritten, dass man „mir nichts – dir nichts" den Winter über locker und entspannt draußen campen sollte. Deshalb fordere ich, Lisa McQueen, die Klimaaktivisten nach dem Königsteiner Schlüssel – ähnlich wie auf Bundesebene die Flüchtlinge – auf die Büros im Rathaus zu verteilen.

Büro von Eva Weber, bzw. der CSU: Wir alle wissen doch, dass die CSU gerne auf Prunk und Protz setzt, daher sollten in den üppig ausgedehnten Weiten der Büros die meisten unterkommen. Da das „C" angeblich für christlich steht, denke ich jetzt schon mal an die Weihnachtszeit, wenn es heißt: „Ihr Kinderlein kommet, oh kommet doch all".

Büro von Martina Wild, bzw. der Grünen: Dunkel erinnere ich mich noch an eure Plakate im Kommunalwahlkampf: „Klimaschutz, das Original!" Nachdem ihr ja bei der Abstimmung, ob Augsburg den Klimanotstand ausrufen soll, vergessen habt die Hand zu heben oder zufällig auf dem Klo wart, könnt ihr jetzt euren Fehler wieder wettmachen. Wenn ihr schon nicht das Klima schützt, könnt ihr wenigstens die Klimaschützer schützen. Damit habt ihr auch schon einen Slogan für die Bundestagswahl 2021: „Klimaschützer schützen, das Original!"

Büro der sozialen Fraktion: Die Linke teilt grundsätzlich in St.-Martin-Style alles was sich halbieren lässt. Mäntel, Steuereinnahmen, Wörter und Sätze, die keiner hören will. Die lolSPD

macht angeblich laut Parteibuch auch irgendwas mit Soziales, und nachdem die Bundesregierung noch nichts dazu zustande gebracht hat, ist jetzt eure Chance das auszugleichen!
Büro der bürgerlichen Mitte: Ihr seid schon so ein bunter, durchgemixter Haufen, da kommt es auf einen mehr oder weniger auch nicht mehr an!
Büro der AfD-Fraktion: Interkultureller und intellektueller Austausch mit Andersdenkenden bei einer Flasche Bier ist doch genau euer Ding, oder?
Falls sich die Fraktionen über den Verteilungsschlüssel nicht einigen können, möge der Stadtrat den jungen Menschen eine Ecke im goldenen Saal freiräumen. Kosten: Nix, außer Nerven!
Mit freundlichen Grüßen,
Lisa McQueen – Die PARTEI

Da bekanntlich der Toleranzbogen einiger AfD'ler nicht von 12:00 Uhr bis mittags reicht, und der vom Mensch gemachte Klimawandel laut AfD sowieso nicht existiert, ist es nicht groß verwunderlich, dass es über kurz oder lang zu einer Auseinandersetzung zwischen der Alternative und den Aktivisten kommen wird. So kam es, dass im September die Herren J. und Sch. (beide FCK AfD und monatlich ca. 3.200€ Steuerkosten) sich genüsslich mit einer Flasche Bier an das Klimacamp stellten. Im Nu ist auch schon eine hitzige Diskussion entbrannt, die zur Folge hatte, dass die Polizei anrücken musste und ein Platzverbot aussprechen sollte (die Flasche Bier verschwand natürlich blitzschnell im Mülleimer, aber den Campern neigen wir ein bisschen mehr zu glauben, dass diese da war). Allerdings nicht für die Dauercamper. Da die AfD die AfD ist, ließ sich nicht lange darauf warten, dass diese sich zu dem Vorfall auf den Sozialen Medien äußerten. Neben viel Bla Bla forderten sie unter anderem, dass das Camp geräumt wird und kritisierten die neomarxistisch indoktrinierten Camper. Ein Satz mit weitreichenden Folgen, wie sich noch herausstellen sollte. Wir lobten auf den Social Media Plattformen selbstverständlich das Durchhaltevermögen der Klimaaktivisten. An dieser Stelle sei ein Beispiel von Günter Grünwald erwähnt: Mit den beiden AfD'lern über Politik zu diskutieren, ist ungefähr so, wie wenn man mit einer Hühnerfeder auf eine Schaumstoffmatratze einprügelt – ist ein riesen Aufwand, kommt aber so gut wie nichts dabei raus!

Neues vom Klimacamp Augsburg

Die AfD Fankerle würden wohl nicht mit der Tatsache klarkommen, dass ihr angetrunkener Stadtrat sich nicht an die demokratisch erwirkten Auflagen unserer Versammlung halten konnte: kein Alkohol auf dem Versammlungsgelände! Und auch nach Hinweis lieber provozierte, wir würden sowieso nicht die Polizei rufen, was dann aber geschah, huch, was für eine Überraschung! Auch würden sie nicht damit klarkommen, dass ihr Stadtrat dann feige die Alkoholflasche im Müll entsorgte. Oder dass er davor klarmachte, dass er es nicht schlimm findet, dass Frauen früher ungestraft in der Ehe vergewaltigt werden durften, oder Frauen früher nicht wählen durften. (Facebookkommentar vom 15.09.2020).

Da wir von der sehr guten Partei Die PARTEI gerne mal schauen was die Konkurrenz auf Facebook und anderen Internet-Sprachrohren so treibt, und ungern etwas unkommentiert lassen, hat ein sehr feines Mitglied des KV Augsburg einfach nur unter den Forderungspost der FCK AfD kommentiert: „Na dann fordert mal." Zudem noch mit einem Lach- und Popcorn Emoji versehen (wer für einen Moment seine Sorgen und Nöte vergessen will, dem sei ein Besuch auf der Facebookseite der AfD Augsburg-Stadt zu empfehlen. Eine Zwerchfellmassage erster Güte). Das Popcorn würden wir sehr bald brauchen. So haben sich der Social-Media-Experte der FCK AfD und ein politisch verwirrter Augsbürger zu ein paar unschönen Postings hinreißen lassen (für Rechtschreibfehler der selbst ernannten Biodeutschen haben wir keine Verantwortung übernommen):

Mausgerutscht vom Praktikanten

Gekonnt wurde ein feiner Screenshot angefertigt und wie folgt von uns Online gestellt. Dass wir beim Schutz von militanten Linksextremisten dabei wären, war uns übrigens auch neu. Vielen Dank fürs Informieren.

Niedrig geschätzter AfD Kreisverband Augsburg-Stadt, dass wir euch mit unserer Lisa (weiblich, dunkelhäutig, ausländischer Name) ja mal maximal getriggert haben, zeigt eure, in den 1940er Jahren zurückgebliebene, rassistische und sexistische Antwort. Endlich zeigt ihr mal euer wahres, hässliches Gesicht. Aber am Ende wars ja doch „nur" wieder ein böser Social-Media Praktikant, dem man ein bisschen auf die Finger hauen muss. Eine „maximalpigmentierte", biertrinkende Frau in Entscheidungsposition passt halt einfach nicht zu eurem Weltbild der Frau am Herd, die für eure AFD-Kollegen kocht und 13 Kinder gebärt, das ist uns schon klar. Aber wir sind stolz auf unser modernes, nicht menschenverachtendes Weltbild, unser Leben, das nicht aus Angst und Hass besteht, und werden Lisa auch weiterhin auf Sänften tragen. PS: Die vier AfD Stadträte kosten die Stadt monatlich ca. 6.000€ Steuergelder. Wollten wir nur mal gesagt haben. (Facebookpost vom 24.09.2020).

Wie man sieht, kann die AfD nicht nur Rassismus, nein, auch beim Thema Sexismus spielt man in der Champions League ganz oben. Mit unseren Verbindungen in die extreme linksgrün-militante Szene war es uns selbstverständlich ein Leichtes, dies publik zu machen und einen, wie sagt man so schön auf Neu-Deutsch, Shitstorm auszulösen. Da wir aber nicht nur digital unterwegs sind, sondern das „R" in PARTEI immer noch für Rechtstaat steht, haben wir die

Hilfe der Exekutive in Form einer Anzeige gegen Unbekannt (wir wussten zu dem Zeitpunkt noch nicht wer es verfasst hat) bei der Polizei aufgegeben. Mit wir meine ich die Geschädigte Lisa McQueen. Da so ein Besuch auf einem Polizeipräsidium durchaus dauern kann, kam Lisa leider zu spät zu einer Stadtratssitzung. Das war aber nicht weiter schlimm, viel verpasst wurde nicht, zudem hat sie ja noch ihre Lakaien im Zuschauerraum sitzen, die sie über möglich Verpasstes unterrichtet hätte. Während der Scheißesturm (der AfD zuliebe haben wir es mal eingedeutscht) und die Stadtratssitzung ihren Lauf nahmen, kam die unglückliche Wortwahl des Internetauftritts auch bei den Stadträten an. Kleiner Gänsehaut-Moment: Bei Rassismus und Sexismus ist man sich wohl einig wie nie. So musste sich die Fraktion der AfDler Einiges während der Sitzung anhören und wir sind heute noch Stolz wie Bolle, dass sämtliche Räte und Rätinnen das Wort ergriffen haben und die AfD mit ihrem Sprachgebrauch in die Schranken gewiesen haben. Stadtrat J. (monatliche steuerliche Kosten von ca. 1.600€) machte das, was er am besten kann: Er stellte sich dumm. Angeblich hatte er keinen blassen Schimmer, was gerade so im Internet los war. Aber um den Polizisten bei der Aufnahme der Anzeige zu zitieren: „Tja, gelöscht ist eben nicht gleich gelöscht." Auch an unser Stadtoberhaupt Eva Weber hier noch mal der explizite Dank, dass sie sich gegen Rassismus und Sexismus öffentlich stark gemacht hat. Kleiner Spoiler: Die Harmonie und Einigkeit zwischen der CSU und Eva Weber war nicht von allzu langer Dauer. Was so offenen Briefe alles bewirken können. Dazu später aber mehr! Und so, geneigter Leser, hat es Die PARTEI, wenn auch nicht ganz freiwillig, geschafft, dass der Stadtrat im gesamten ersten Jahr

der Periode einmalig geschlossen zusammenstand und sich
einig-solidarisch zeigte. Was wir alles können, gern geschehen!

Die Verbreitung des Screenshots, die Empörung und die
Solidarität Lisa gegenüber war überwältigend. Hier ein
kleines Best Of der Kommentare, die die darauffolgenden
Tage auf Social-Media oder in lokalen Printmedien eingingen:

Martin Sonneborn, GröVaZ Die PARTEI und EU-Sitzungs-
geldgenießer: *„Idiot. PS: Unsere Spitzenkandidatin Lisa hätte
'allen Anschein nach' nicht mit n geschrieben. Gibt Ihnen das
nicht zu denk..äh, Pardon, ich ziehe meine Frage zurück.“*

Volksverpetzer, Social-Media-Grantler: *„So widerlich rassis-
tisch und sexistisch äußert sich die AfD Augsburg über die Augsburger Spitzenkandidatin von Die PARTEI“*

Hooligans gegen Satzbau, Wiegehtarische Satire und Akti-
vistisches: *„xD“*

Peter H. (Freie Wähler), tauscht gerne Hopfensaft gegen
Wahlplakate: *„Wer andere Menschen ihrer Hautfarbe wegen
diskreditiert, ist ein Rassist. Und Rassismus ist niemals tolerier-
bar. Deshalb werde ich künftig in jedem Ausschuss des Augsburger Stadtrats, in jeder Sitzung und in jedem Beirat, in dem ich
vertreten bin, die Anwesenden darauf hinweisen, dass auch Ras-
sisten mit am Tisch sitzen, sofern Stadträte der AfD anwesend
sind. Das bin ich, das sind wir alle Lisa McQueen schuldig. Es
darf keine Normalität mit diesen Leuten geben. Kein Wegschauen.
Kein Tolerieren!“*

Frederik H. (Die Linke), Riesenradfahrer und Brecht-Leser: *„Solidarität mit Lisa!"*

Rene K., Antwortsuchender auf Facebook: *„Ich weiß dann immer nicht was schlimmer ist. Die AfD oder diejenigen, die solche gewählt haben und auch weiterhin unterstützen."*

Dumm ist der, der Dummes tut. Noch dümmer ist der, der noch Dümmeres tut. Als normaldenkende Menschen hätte man jetzt folgendes gemacht: Öffentliche Buße, entschuldigen, Mund abwischen und dann weitermachen. Nicht so die AfD. Die löscht erst mal den Post (danke nochmal an den Erfinder des Screenshots), stellt sich öffentlich im Neuland Internet hin und verteidigt sogar noch ihr Vorgehen. So kam man auf die pfiffige Idee, uns erst mal selbst Rassismus vorzuwerfen, weil wir ja zur Kommunalwahl einen sehr guten Sticker unserer Lisa hatten mit den Worten „schwärzer als die CSU". „Nach unseren Auffassungen hat die Hautfarbe eines Kandidaten in einem Wahlkampf nichts verloren", heisst es von Seiten der AfD. Und weiter: „Spaßeshalber habe ich mit angefügt, dass wir ja auch nicht mit Slogans wie 'Steffen Müller, weißer als ein Eisbärenhintern' ins Felde gehen." Meine Güte! Jede Partei hat im Laufe der Jahre eine bestimmte symbolisierte Farbe, die csU (bzw. die Union an sich) wird oft schwarz dargestellt. Die AfD ist blau, obwohl braun besser passen würde. Schwärzer zu sein als die csU soll dann natürlich bedeuten, dass es bei uns christlicher und sozialer zugeht. Passend natürlich auch hier, dass Lisa dunkelhäutig ist, womit der Spruch nicht nur inhaltlich, sondern auch optisch zur Geltung kommt,

dadurch zweideutig verstehen werden kann und somit po-
larisiert. Himmel hilf!

Dank dieses Aufklebers nun im Stadtrat vertreten: Die PARTEI durch unsere Lisa

Den „weißer als ein Eisbärenhintern"-Vergleich können wir der AfD an dieser Stelle nach reiflicher Überlegung nicht empfehlen. Würde man sich bei der Alternative mehr mit dem Thema Klima und damit auch verbundenen wegfallenden Lebensraum der Eisbären beschäftigen, so könnte man gegebenenfalls durch Wikipedia-Recherche darauf kommen, dass Eisbären zwar weiß sind, ihre Haut aber braun. Ach, manchmal passt es einfach wie von selbst wie Arsch auf Eimer. In diesem speziellen Fall müsste der Slogan für Herrn M. dann lauten: „Müller, braun wie der Hintern eines Tieres, von dem wir keine Ahnung haben."

Ein weiterer Rassismusvorwurf der AfD uns gegenüber: „Mit Plakaten wie ´Hier könnte eine Kartoffel hängen´ mit dem Wort Kartoffel als diskriminierende Beschimpfung gegen die deutsche Bevölkerung, wir linke Agitation betrieben, die die Grenzen der Satire überschreiten", so die AfD auf ihrer Facebookseite. Zuerst haben wir uns höflichst bedankt, denn den Spruch und das Plakat eines unbekannten Kreisverbandes kannten wir selber noch nicht, ist ja großartig! Ruhm und Ehre soll an dieser Stelle an die sehr guten Genossen für dieses herrliche Plakat rausgehen. Fühlt euch gedrückt!

Wie dem auch sei, selbstredend wird hier auf das große Problem der Anthophobie, der krankhaften Angst vor Pflanzen, aufmerksam gemacht. Pflanzen spenden nicht nur Sauerstoff, sondern dienen wie im Fall der Kartoffel auch zum Verzehr. Von all den Pflanzen die es gibt, haben wir hier die Kartoffel ausgewählt, da diese als urdeutsches Essen gilt. Nicht nur weil es super als Beilage zu jeder Art Sonntagsbraten (der ist der AfD ja besonders wichtig) dient, sondern auch schon von Friedrich dem Großen im 18. Jahrhundert aufgrund ihrer Vielfältigkeit in Brandenburg-Preußen großflächig angebaut wurde. Und wer war bitte preußisch-deutscher als Friedrich der Große? Es wäre also eine Schande, wenn sich diese Phobie weiter ausbreitet und Pflanzen darunter leiden müssten. Oder gar aufgehängt werden.

Daher bezieht Die PARTEI Augsburg eine klare Position: Niemand hat die Absicht, eine Kartoffel aufzuhängen. Achja, an dieser Stelle soll auch nicht unerwähnt bleiben, dass Die PARTEI bei, nach Beschäftigung mit rechten Gesinnungsgenossen, spontan auftretendem Pruritus am Bereich des Rektums, eine Allheilmittel Empfehlung abgibt:

*Die PARTEI empfiehlt in akuten Fällen
die tägliche Einnahme*

Der Beweis, dass unsere Polizei einen richtig guten Job machen kann: Beim Thema Volksverhetzung lassen Behörden geringen Spielraum und fackeln nicht lange. So macht es beim Kreisverbandsvorsitzenden der AfD kurz darauf Ding-Dong an der Tür und die Polizisten betreten die privaten vier Wände des Oberhauptes. Ob es ihm nun passt oder nicht, aber der Fachmann und die Fachfrau spricht hier von Hausdurchsuchung. Mitgenommen werden Handy und Laptop der besagten Person. Wie nicht anders zu erwarten: Die AfD gibt sich in die Opferrolle und heult lautstark, dass die Maßnahmen überzogen waren. Sorry, an dieser Stelle kann der Autor das Schmunzeln im Gesicht einfach nicht unterbinden und verweist auf den Butterfly-effekt: Ein Kleiner Flügelschlag eines Schmetterlings kann eine Katastrophe auslösen. Oder der Satz „Na, dann fordert mal" kann eine Hausdurchsuchung mit Anzeige und Sichtung von Handy und Laptop nach sich ziehen. Wir haben diese Durchsuchung natürlich nicht veranlasst, da stützen wir uns auf höhere Mächte bzw. vermuten, dass der feine Herr der Justiz schon geläufig sein müsse und noch mehr Dreck am Stecken hat. Von diesem Zeitpunkt an ist der Facebook Account der AfD Augsburg faktisch für ein Weilchen tot. Wurde vor der Durchsuchung immer fleißig in die Tasten gehauen, so wird aktuell nur der Status von Stadtratsmitglied Sch. geteilt, welche nicht besonders lesenswert sind und häufig nur aus einem Clownssmiley oder einem anderen Smiley bestehen. Ansonsten ist es die übliche Hetze.

Da die Polizei und wir Hand in Hand gehen (#nohomo), ist bisher leider noch kein Ergebnis über die Hausdurchsuchung bekannt. Wir haben aber unsere Kontakte zur militanten linksextremen Szene, die wir ja anscheinend haben, spielen lassen und mit der Polizei vereinbart, bis kurz vor der Bundestagswahl mit der Bekanntgabe zu warten, damit die AfD noch ein paar Prozentpunkte in Augsburg einbüßen kann. Schmiergeld macht's möglich. Für alle, die das für bare Münze nehmen, was hier steht: Wir geben unser Geld natürlich sinnvoll aus und es kann bis zu einem Jahr dauern, bis man dazu etwas erwarten darf. Das ist Standard und selbstverständlich haben wir keinen Einfluss auf die Ermittlungsarbeiten. Zudem sehen wir davon ab, bei der Polizei nachzufragen, was denn aus dieser wunderbaren Geschichte geworden ist. Wir lassen sie einfach mal machen

und hoffen aber wirklich sehr stark drauf, dass wir noch
was zu lachen bekommen, kurz vor der Bundestagswahl
2021. Oder wir haben schon längst online informiert, kann
natürlich zum Zeitpunkt der Veröffentlichung dieses Buches auch sein. Bleibt abschließend nur noch zu spekulie-
ren, wie sich die Zukunft wohl entwickeln wird. Wir denken, sie wird leider noch ein bisschen traurig bleiben. Fehler
eingestehen, oder gar Einsicht kann man wohl nie erwarten.
Der Postverfasser der AfD schreibt hierzu online: „Insgesamt bin ich im Nachhinein sehr zufrieden, mit dem was
dabei herausgekommen ist. Es war zwar meinerseits so
nicht geplant, aber es hat uns in der Öffentlichkeit gut positioniert in der immer noch aktuellen hysterischen Rassis-
musdebatte". Ähm ja, das ist ungefähr so wie damals als ja
bekanntlich Adolf H. am 30. April 1945 im Führerbunker,
kurz bevor er sich die Kugel gab, Folgendes aussprach:
„Insgesamt bin ich im Nachhinein sehr zufrieden, mit dem
was dabei herausgekommen ist. Es war zwar meinerseits so
nicht geplant, aber es wird mich über Generationen hinweg
immer in Bewusstsein der Menschen fest verankert haben".
Wenn sich die unterste Schublade schon nicht mehr öffnen
lässt, muss man eben unter den Schrank schauen.

Wie Die PARTEI mit unserem Stadtoberhaupt kommunizierte

Wisst ihr, was schlimm ist? Eine Pandemie. Und wisst ihr, was noch schlimmer ist? Wenn man die Pandemie nutzt, um sich selbst zu bereichern. Die älteren Mitmenschen unter uns werden sich noch erinnern. So haben gewisse Abgeordnete der csU durch diverse Maskendeals versucht, mit ein paar Emails Millionen zu verdienen. Wisst ihr, was mindestens genauso schlimm ist (wir sagen sehr oft „schlimm", aber es ist auch alles schlimm)? Wenn man die Pandemie nutzt, um eigene Interessen am gewählten Souverän vorbei durchzuboxen. So geschehen beim Augsburger Stadtrat. Leider nicht so Medienwirksam wie die Skandale um die persönliche Bereicherung durch die Herren Nüßlein und Sauter. Um nur mal die bekannte Spitze des Eisberges zu nennen. Aber auf die Gier dieser bayerischen Edelpolitiker wollen wir in diesem Kapitel gar nicht eingehen. Vielmehr, es geht um etwas ganz Anderes. An dieser Stelle des Buches werden wir die Wahrheit mit Fiktion und Märchen ausschmücken. Immerhin hoffen wie ja darauf, dass es ein politischer Gegner von Seiten der csU liest, um dann gegen uns und das Buch eine Unterlassungsklage einzuleiten. Selbstverständlich sagen wir nicht, wo wir uns was dazu spinnen und was der Wahrheit entspricht. Sonst wäre es ja langweilig und wir regen den LeserX gerne zum Selbstdenken an. Aber immer schön dran denken, ein bisschen was ist Fiktion und Märchen, Märchenstundensmiley!

Sternzeit XYZ, irgendwann in der Pandemie, nachdem man durch völligem Zeitverlust vergessen hat, welcher Tag oder gar welcher Monat ist. Mit Glück bekommt man das

Jahr noch hin. Logbucheintrag der sehr guten Partei Die PARTEI Nr. 420: Wir dümpeln plan- und ideenlos auf unserem Planeten Erde durch das Universum, und nehmen die Maßnahmen der Bundesregierung weitestgehend bedingungslos hin. Sie werden ja von Experten beraten, auf die sie bei einer Pandemie hören, beim Klimawandel aber nicht. Alles sehr dubios. Immerhin gibt es ja Alkohol und andere berauschende Mittel, um das Leid des Lockdowns und andere alberne Regelungen einigermaßen erträglich zu gestalten. Aber der Mensch lebt nicht nur vom Rausch allein, er will auch mit beim Pöbeln sein! (Alles, was sich reimt, ist gut, sagte schon ein kleiner Rotschopf).

Im Grunde gilt: Manche Maßnahmen sind sehr sinnvoll, andere wirken so, als hätte man unser Konzept von „Der WÜRFEL" geklaut (siehe Kapitel 7), verschiedene Begriffe notiert und dann damit Backgammon gespielt. Alea iacta est. Und wenn hier jemand Entscheidungen aufgrund von Würfeln macht, dann ja wohl wir. Also bleiben Beschlüsse, wenn sie einmal gefasst sind, so bestehen, wie sie das Zufallsprinzip wollte. So auch der seltsame Beschluss, dass während der Pandemiezeit, anstelle des gesamten Stadtrats, nur der Haupt- und Ferienausschuss tagen soll. Je weniger Menschen auf einem Haufen sind, desto weniger Menschen können potenziell mit einem Virus angesteckt werden. Diese Theorie macht aber auch nur dann Sinn, wenn man sich vorher nicht gesehen hat. Macht man allerdings, so wie der Augsburger Stadtrat am 29.10.2020, erst den vollbesetzten Stadtrat und dann anschließend den Haupt- und Ferienausschuss, dann ergibt das wenig bis gar keinen Sinn. Ganz zu schweigen von dem Angriff auf die Demokratie. Wasser auf die Mühlen derer, die immer gern schreien CORONADIKTATUR!1!1!!1. Das äußerst fragwürdige Vorgehen der Stadt und unserer Oberbürgermeisterin Weber hatte dann zufolge, dass wir uns nicht so einfach vor die Tür setzten lassen wollten und wir gezwungen waren einen öffentlichen Brief zu verfassen. Diese feine Lyrik ist hier zu bewundern:

Sehr geehrte Frau Oberbürgermeisterin Eva Weber,
*zunächst haben wir da mal eine Frage: Wann genau haben Sie aufgehört sich für Demokratie, europäische Werte, Politik und die Interessen der Augsburger*innen zu interessieren? Ihre Entscheidung die Corona-Pandemie zu nutzen, um alle wichtigen Entscheidungen in den Haupt- und Ferienausschuss zu schieben, hat natürlich ein gewisses G`schmäckle: Während der von den Bürgern und Bürgerinnen gewählte Teil des Stadtrat Themen wie Lärmschutzverordnung oder den Wirtschaftsplan der Stadtentwässerung entscheiden darf, kann sich der erlesene Kreis des Hauptausschusses mit einer Gesamtsumme von roundabout 22.000.000 € herumschlagen. Chapeau für dieses Meisterstück der Politikverdrossenheit!*
Mit Ihrer Idee, den Stadtrat auf 20% seiner Kompetenz zu reduzieren, stellen Sie sich auf die gleiche Stufe wie die Diktatoren Kim Jong Un, der Irre vom Bosporus oder Viktor Orban. Die lassen sich auch verdammt ungern bei Ihren Entscheidungen reinreden. Vorschlag von unserer Seite: Laden Sie die Herren doch mal für einen kulturellen Gedankenaustausch nach Augsburg ein, um den „Internationalen Tag wie-man-die-Demokratie-schändet" zu feiern. Immerhin ist mit legalen Mitteln eine Demokratie auszuhebeln ein deutsches Kulturgut seit 1930.
Ist Ihnen bewusst, dass mit der Entscheidung die Schulen und Kitas offen zu lassen, während der Stadtrat nicht in voller Gänze

*tagen darf, Sie den gesamten Schüler und Schülerinnen aus Augsburg von Kita-Alter bis zur Erwachsenenschulung mehr hygienische Grundkompetenz zutrauen als den übriggebliebenen Kollegen*innen Ihres Rats?*

Hier mal die Zahlen im direkten Vergleich, dass man es besser sehen kann:

Schüler und Schülerinnen + Kita in Augsburg: ca. 20 000

Stadträte und Stadträtinnen: 60

*Hier kommt der Punkt, an dem der LeserX selbst entscheiden darf: Frau Weber sind entweder die Schüler*innen egal oder sie liebt ihre Stadtratskolleg*innen so inbrünstig, dass sie diese schützen will. Oder sie hat einfach keinen Bock mehr auf Demokratie.*

*Wie uns aus vertraulichen Informationen der ansässigen Zeitungen zugetragen wurde, können die Referenten per Videochat dazu geschaltet werden. Frage: Können technische Geräte nur von Referenten bedient werden und sind die anderen Stadträte*innen unfähig, ein internetfähiges Textverarbeitungsgerät zu bedienen? Frage für 1 Freund aus dem #Neuland. Oder liegt es daran, dass die csU seit Jahren die internetfähige Öffentlichkeit des Stadtratsgremiums konsequent verhindert?*

Ach und übrigens, kommen Sie uns nicht mit dem Argument „Wenn der Stadtrat für mehrere Wochen ausfällt ist, die Stadt handlungsunfähig". Der Stadtrat ist von Ende Juli bis Mitte September (sechs Wochen) nicht handlungsunfähig gewesen, denn da war Sommerpause. Und was gibt es für die Sommerpause: Richtig! Den Haupt- und Ferienausschuss.

Herzlichst,

Die PARTEI KV Augsburg

Hatte uns Frau Weber in der Sache mit der FCK AfD noch so richtig schön verteidigt und uns zur Seite gesprungen, haben wir mit diesem Brief das nichtvorhandene Freundschaftsband wohl endgültig durchschnitten. Fun Fact am Rande: Bis zu diesem Zeitpunkt konnte man Frau Weber auf Facebook noch mit Ihrem Namen verlinken. Danach hat sie diese Funktion abgestellt, zumindest bei uns Parteianern. So geht Transparenz, liebe Freunde.

Neues von Eva Weber

Schwierige Zeiten erfordern neue Wege – auch für den Augsburger Stadtrat. […] Mir wurde unterstellt, mit meiner Entscheidung die Demokratie untergraben zu wollen. Das ist nicht richtig. Vielmehr habe ich eine Verantwortung dafür, dass die Stadt handlungsfähig bleibt. Gerade in einer Pandemie. Die Gefahr, dass wir bei einer Vollversammlung über Stunden hinweg im Anschluss einen Großteil der Stadträtinnen und Stadträte in Quarantäne schicken müssen und dann gar keine Sitzung mehr stattfinden kann, keine Entscheidungen mehr getroffen werden können, ist einfach zu groß. (Facebookpost vom 24.10.2020)

Wie ja mittlerweile bekannt ist, sind wir immer gerne live dabei, wenn der Stadtrat tagt. So auch an diesem Donnerstag. Coronabedingt durften Zuschauer nicht im oberen Fläz sitzen, sondern mussten immer noch in der Eingangshalle auf einen Bildschirm schauen. Das Blöde dabei ist nur: Alle StadträteX müssen erst mal im Normalfall an uns Zuschauern vorbei und sehen uns. Auch eine Oberbürgermeisterin ist davon nicht ausgenommen. Gekonnt den Blick zu Boden gewannt, huschte sie wie eine flinke Gazelle die

Stufen zu ihrem Arbeitsplatz hoch. Uns keines Blickes würdigend, wir sind's ja gewohnt mittlerweile. Die Sitzung beginnt. Von unserer Seite war durch den offenen Brief ja schon fast alles gesagt. Einzelstadtrat G. von der Bürgerbeteiligung Wir sind Augsburg wollte sich aber zu diesem Thema nochmals äußern, da er in der Sache die gleiche Denkweise hatte wie wir. Verständlich, sie ist auch sehr gut. Wenn man im Stadtrat das Gefühl hat, etwas besonders Wichtiges zu sagen, so gibt es ein Rednerpult, bei welchem man gut gesehen werden kann. Dieses ist allerdings ca. 20 Meter vom Sitzplatz des Herrn G. entfernt. Dennoch war er der Auffassung etwas Wichtiges beitragen zu müssen. Die Strecke legte der WSA Vertreter in einer gemütlichen Gangart hin, in handgezählten 13.67 Sekunden stand er dann am Rednerpult. Sehr zum Unwohlsein unseres Webärchen, die daraufhin Herrn G. mit folgenden Worten abspeiste: „Herr G., muss das sein, wenn wir schon so wenig Zeit haben, dass Sie hier vorne am Rednerpult sprechen müssen?"

Sollte die hohe Amtsträgerin wirklich der Meinung sein, dass diese paar Sekunden sie von dem unwohlverdienten Feierabend bringt und sie dadurch 26 Sekunden (Hin- und Rückweg kumuliert) zu spät vor einem Teller Käsespätzle sitzt, dann hat sie unseren offenen Brief wohl nur kurz überflogen und es braucht noch den ein oder anderen hinterher (Spoileralarm). Ähnlich unserer Position hat sich Herr G., sowie noch ein paar andere StadträteX mit Eiern, dann positioniert. Die größte Oppositionsfraktion aus lolSPD und Linke kuschte lieber und sagte, man wolle dem ganzen Zirkus einmalig zustimmen. Danke für nichts nochmal an dieser Stelle. Leider keine große Überraschung: Dieser Tagesordnungspunkt ging durch und somit konnte im Anschluss an den Stadtrat der Ausschuss tagen. Bei diesem durften aber die Zuschauer gnadenhalber weiterhin anwesend bleiben. Und so kam es, dass knapp 40 Personen des gewählten Souveräns der Bürger*innen das obere Fläz verlassen mussten. Die Aufkommende Unruhe, und weil gerade eh nichts Wichtiges besprochen wurde, nutzten auch wir Zuschauer für eine Pause an der frischen Luft.

So manch einer rauchte eine Zigarette und man unterhielt sich entspannt. Da auch wir Nichtraucher bei Die PARTEI haben, die keine frische Luft brauchen, blieb ein Genosse sitzen. Leider nicht besonders lange: Nach knapp einer Zigarettenlänge kam der besagte Parteianer zu uns heraus mit der unfrohen Botschaft: Der öffentliche Teil ist nun beendet, ab jetzt tagt der nicht-öffentliche Teil des Ausschusses. Schon leicht erbost und mit großen Fragezeichen im Gesicht, machten wir uns erst mal einen weiteren Hopfentee zur Beruhigung auf und zündeten uns einen weiteren Sargnagel für die Lunge an. Ok, sagen wir zwei weitere Sargnägel. Mehr waren es aber wirklich nicht, da versuchten sich die ersten Mitglieder des Haupt- und Ferienausschuss an uns vorbei zu schleichen. Ja, nach 5 Minuten öffentlicher Sitzung und 10 Minuten nicht-öffentlicher Sitzung war der ganze Spuk vorbei. Man kann leider nur mutmaßen, was so wichtig und dringend gewesen sein mag, dass man es hätte nicht mit allen gewählten Stadträten besprechen können. Die Hinterzimmerpolitik, für die die csU weltbekannt ist, macht auch vor Augsburg nicht Halt. Und so muss davon ausgegangen werden, dass der ganze Quatsch nur deswegen passiert ist, da man Angst hatte, im gesamten Rat nicht mehr die Mehrheit zu haben. Was nämlich bisher noch nicht erwähnt wurde: Aufgrund der Pandemie konnten einige Mitglieder*innen von csU und Grüne nicht an der Sitzung teilnehmen und so wäre die Mehrheit womöglich in Gefahr gewesen. Welche Kungeleien aber exakt hinter verschlossenen Türen besprochen wurden, weiß man bis heute nicht (außer Lisa McQueen, blöderweise nimmt die aber ihre Verschwiegenheitspflicht so ernst, dass sie kein Wort darüber verlor). Wir triggern die csU und die LeserX einfach dahingehend, dass es um Personalentscheidungen ging. Wahrheit, Fiktion und Märchen, wie schon erwähnt.

Dieses unmögliche Verhalten und die Farce, die Frau Weber dabei abgezogen hat, versuchte sie später noch weitere Male, weshalb noch zwei Leserbriefe folgten. Unser Webärchen und wir waren von nun an wie Römer und Kelten, Nato und Warschauer Pakt, die V-Partei und ein gutes Schnitzel, die csU und christliche Werte: Der Rubikon war überschritten, die Feder wurde gezückt, zu Papier gegriffen und veröffentlicht:

Sehr geehrte Frau Oberbürgermeisterin Eva Weber,
In unserem letzten offenen Brief haben wir Sie mit Kim Jong Un,
Viktor Orban und dem Irren von Bosporus auf die gleiche Stufe
gestellt. Hierfür möchten wir uns vom ganzem Herzen entschuldigen und öffentlich bekunden, dass dies nicht richtig war und
von uns falsch eingeschätzt wurde: Sie stehen natürlich über den
Herren und die können noch viel von Ihnen lernen. Da eine Berufung zur Oberbürgermeisterin durchaus abrupt enden kann:
Wir empfehlen Ihnen für die Zeit danach Seminare zu geben:
"Wie man der Demokratie mit einfachen Mitteln ein Schnippchen
schlagen kann."

Ihre fadenscheinige Darstellung, Sie würden dies alles zum Wohle des Stadtrates machen, damit dieser handlungsfähig bleibt, ist deswegen besonders unglaubwürdig, da die Sitzung des Haupt – und Ferienausschuss ganze 30 Minuten ging. Von diesen 30 Minuten waren aber ganze 10 Minuten öffentlich, der Rest wurde hinter verschlossenen Türen besprochen. Wir waren kaum mit unserer Bierpause draußen fertig und wieder bereit uns voll und ganz den Schwafeleien des Rates zu widmen, als es unerwartet hieß: Genießt euren letzten Abend vor dem Lockdown. Grundsätzlich haben wir kein Problem damit, dass Entscheidungen in Ausschüssen vorgearbeitet werden und diese auch zum Teil nicht öffentlich sind. Womit wir ein Problem haben:

- Kurz vor knapp drei weitere Tagesordnungspunkte dem Ausschuss „unterzujubeln" und diese dann in der Sammelabstimmung beiläufig abnicken zu lassen

- Den gesamten Zirkus um den Ausschuss: Erst 3 Stunden Stadtratssitzung im selben Raum zu halten, um dann anschließend die wichtigen Themen im Ausschuss für 30 Minuten durchzuboxen.

*- Den von den Augsburgern*innen gewählten Einzelstadträten*innen nicht ihr demokratisches Recht zu zugestehen, bei diesen Themen mit abzustimmen und sich dazu zu äußern*

- Dass die Pandemie vorgeschoben wird, um die Mehrheitsverhältnisse in gewünschter Weise zu verschieben

*Wir mutmaßen einfach mal laut für LeserX: Wenn 53 Stadträte*innen anwesend sind und die Fehlenden aus dem Lager von csU/Grüne kommen, dann kann es schon sein, dass die „Abstimmung" in Gefahr ist. Wenn man aber wieder die absolute Mehrheit im Ausschuss hat, warum sollte man Themen nicht dort behandeln? Kleiner Tipp von unserer Seite: Wenn Sie mit Gewalt Themen durchbringen wollen, die keiner im Detail mitbekommen soll, dann ziehen Sie die Sitzung unnötig in die Länge: Damit fällt*

Ihr Fehlverhalten weniger auf, weil sämtliche Zuschauer durch unnötige Redebeiträge eingeschlafen sind.

Wir verwetten unsere roten Krawatten darauf, dass in der Nähe der Politiker der Sozialen Fraktion, bestehend aus lolSPD und Die Linke, gerade kleine Tornados entstehen: Die drehen sich bei dem Versuch sich selbst in den Arsch zu beißen so schnell, dass solche Luftverwirbelungen nicht ausgeschlossen sind. Hätte die "Opposition" (nach eigenen Angaben, ohne Gewähr) von Ihrem Vorhaben gewusst, hätten Sie eventuell anders entschieden.

Schöne Grüße auch an die Grünen. Wir waren stellenweise mit 9 Personen im Zuschauerraum vertreten, keiner aber kann sich an einen Redebeitrag (außer Wild per Video) von eurer Seite erinnern. Das liegt entweder an unserer kurzen Aufmerksamkeitsspanne oder daran, dass von eurer Seite nichts Wichtiges beigetragen wurde. Aber was ist an einer Demokratie schon wichtig?

Zusammengefasst: Der Stadtrat soll in Form des Haupt- und Ferienausschusses verkleinert werden, damit nicht der ganze Stadtrat aufgrund von Infektionsrisiko zusammensitzt und handlungsfähig bleibt. Vor der ersten Haupt- und Ferienausschusssitzung sitzt aber nochmal der komplette Rat ein paar Stunden zusammen. Die Stadt ist anscheinend technisch, obwohl jeder Stadtrat ein iPad geschenkt bekam, nicht in der Lage, die fehlenden Räte online per Liveschalte hinzuzuziehen? Und wohlgemerkt, zum Zeitpunkt der Entstehung dieser Zeilen, ein paar Monate später, ist der Inzidenzwert deutlich höher, aber der komplette Rat sitzt nun wieder monatlich in der Kongresshalle, Verzeihung, Kongress am Park zusammen und das Konzept des verkleinerten Rates ist passé. Schon Ende der 1960er Jahre sang ein kleiner schwedischer Rotschopf: „ich mach mir die Welt, widewide wie sie mir gefällt." Bei den lokalen Medien, blieb immerhin unser schön Vergleich hängen.

Die Satirepartei Die PARTEI mit Stadträtin Lisa McQueen hat einen offenen Brief an Weber verfasst. Das Vorgehen, den Stadtrat kurzerhand zu verkleinern, kenne man eher aus Diktaturen oder autoritären Staaten. Weber scheine den Kindern in den Kitas mehr Kompetenz in Sachen Hygiene zuzutrauen als den Stadträten (Artikel vom 27.10.2020)

Satirepartei? Frechheit! csU und Grüne reduzieren den Stadtrat wegen Infektionsrisiko, lassen diesen dann vor eben jener Sitzung doch noch stundenlang zusammensitzen, können oder wollen nicht die technischen Möglichkeiten schaffen und werfen das Konzept dann nach ein paar Wochen wieder über Bord – wer ist hier genau die Satirepartei? Wir sahen uns also zu einem dritten und letzten offenen Brief gezwungen:

Liebste Evi, sehr geehrtes Webärchen, oder auch: Aller guten Dinge sind drei (offene Briefe).
Irgendwie ist unsere Brieffreundschaft ziemlich einseitig: Wir schreiben Ihnen immer, Sie schreiben aber nie zurück. Kann es vielleicht sein, dass Sie mit Worten nicht so gut können? Immerhin geben Sie weder eine plausible Erklärung, warum denn schon wieder der Haupt- und Ferienausschuss anstatt des gesamten Stadtrats tagt, noch antworten Sie auf unsere ersten beiden Briefe. Da wir gern interaktiv schreiben, darf hier der LeserX selbst entscheiden, ob es sich dabei um Arroganz, politisches Desinteresse oder reine Legasthenie handelt. Man könnte ja annehmen, Sie

seien intelligenter als die AfD und würden aus der Geschichte lernen, aber scheinbar sind da doch mehr Parallelen, als Sie sich selbst eingestehen würden. Einen Fehler zu machen kann jedem mal passieren. Denselben Fehler im Quadrat aber ein weiteres Mal zu fabrizieren ist schon formidabel.

So hat doch die soziale Fraktion aus der lolSPD und den Linken hoch und heilig versprochen, diesen Sperenzien nur einmal zuzustimmen. Gewitzt wie Sie sind, haben Sie sich bestimmt gedacht: "Wenn ich die soziale Fraktion gar nicht erst frage, dann können die auch nicht nein sagen"; stimmt´s? Und was macht man da, als aalglatte csU-Politkerin? Richtig: Man bestimmt es despotisch im Ältestenrat. Und Simsalabim: Der kleine Zaubertrick aus dem csU-Zirkus hat funktioniert und stillschweigend sind mal wieder über zwei Drittel der gewählten VertreterInnen auf ein Couch-Date mit Pizza und Dosenbier verbannt.

An dieser Stelle erinnern wir sehr gern nochmal daran, dass Frau Weber uns in Ihrem Podcast für die Politikverdrossenheit verantwortlich gemacht hat.

Bitte helfen Sie den AugsburgerInnen, die es nicht verstehen, auf die Sprünge: Bei einer 7-Tages-Inzidenz von über 200 ist es möglich, dass der gesamte Stadtrat im November und Dezember in der Kongresshalle tagt, bei einer Inzidenz von 120 setzen Sie den demokratisch gewählten Stadtrat mal wieder vor die Tür. Und obwohl aktuell sämtliche StadträtX einen negativen Corona-Test vorweisen müssen, um an einer Ausschusssitzung teilzunehmen, soll der Stadtrat unter gleichen Bedingungen nicht in gewählter Gänze tagen können? Was dürfen wir denn erwarten, wenn der Inzidenzwert wieder unter 80 sinkt? Wechseln sie dann ins Französische und sagen den ganzen Tag nur noch: "L'état c'est moi!" und hüllen sich in weißes Babytigerfell?
Mit demokratischen Grüßen und in Liebe. Ihre PARTEI.

Wie bereits angesprochen, das Prinzip, dass der Ferien- und Hauptausschuss den kompletten Stadtrat ersetzt, ist zum Zeitpunkt der Entstehung dieser Zeilen hier schon wieder Geschichte. Entweder hat sich Corona von selbst erledigt, oder Die PARTEI hat geregelt. Wahrheit, Fiktion und Märchenstunde.

Roland K. beim authentischen Verfassen einer seiner Zeilen. Aufgenommen im hauseigenen Arbeitszimmer. Wahrheit, Fiktion und Märchenstunde.

Wie Die PARTEI
Gotteslästerung betrieb

Obwohl die geknüpften Freundschaftsarmbänder zwischen der csU und der PARTEI längst zerschnitten und der Natur zurückgegeben wurden, sahen wir uns als topmoderne Turbopolitikpartei dennoch in der Position, der Stadtregierung bei der Pandemiebekämpfung mit Rat und Tat zur Seite zu stehen. Der Sommer mit den sinkenden und niedrigen Corona-Inzidenzzahlen gehörte so nach und nach der Vergangenheit an, und so kam, was kommen musste: die zweite Welle schlug mit voller Wucht zu. Auch wenn es der ein oder andere noch nicht glauben wollte, aber wir rasten mal wieder blind und mit Karacho in die nächste Welle hinein. Was im Sommer gut klappt, könnte ja auch im Winter funktionieren, so der Gedankengang der fleißigen Antragsschreiber von Die PARTEI. Die Stadt kam den Schaustellern und Schaustellerinnen (Gendern, verdammt nochmal!) im Corona-Sommer wunderprächtig entgegen. Man setzte Tod und Teufel in Bewegung, um ein paar Süßigkeitsbuden und ein Karussell auf dem Rathausplatz zu stellen (geht übrigens nur, weil da kein störender Baum steht. Wäre aber auch eine saudumme Idee, da einen zu pflanzen). Ein Plärrer light also, ohne Bierzelt oder die Fahr- und Spielgeschäfte in der Innenstadt bis in den 5. Oktober hinein. Mit Krampf versuchte die Stadtregierung ein wunderbares Gefühl von Normalität zu erwecken, was in einer Ausnahmesituation wie einer Pandemie nie schaden kann. Ob's geklappt hat, steht auf einem ganz anderen Papier. Man darf sich aber als mündiger Bürger durchaus die Frage stellen, warum denn diese besonderen Regeln nur für

Schausteller der Sommersaison, nicht aber für die der Wintersaison gelten. Da sieht man bei der Partei Die PARTEI eine ganz klare Verschiebung des freien Marktes, was dieser nicht, wie es die Spaßpartei FDP denken mag, selbst reguliert. Nein, hier wird professionelle Hilfe in Form eines Antrags von wahren Fachmännern und Fachfrauen benötigt.

Auch bereiten die immer höher werdenden Inzidenzzahlen den Menschen mehr und mehr Bauchschmerzen. Es stehen eine der höchsten christlichen, von der cSU heiß ersehnten, Feiertage unmittelbar vor der Tür: das Weihnachtsfest. Doch was ist zu tun, wenn sämtliche Abstands-, Masken- und Kontaktverbotsregelungen innerhalb von ein paar Tagen, aufgrund von übermäßigen Großfamilienbesuch, auszusetzen drohen. Plante doch König Markus, Verzeihung, Ministerpräsident Söder, diese Regelungen über Weihnachten zu lockern, da Corona, wer wisse es nicht, ebenso gläubig ist und sich speziell an Weihnachten zurückhält. Wie die meisten Menschen könne man ja einmal im Jahr von allem Schlechten ablassen und auf christliche Nächstenliebe verweisen. Wenn uns die Religion in der Geschichte eins gelehrt hat, dann, dass sie immer das Gute in jedem Menschen hervorbringt! Naja, zurück in die Realität. Einerseits sollen Kontakte auf ein Minimum reduziert werden, um die Verbreitung des Virus zu unterbinden, andererseits ist an den drei Feiertagen doch wieder alles einigermaßen okay. Beißt sich alles ein bisschen. Aber die Zahlen steigen ja eh schon. Abhilfe muss umgehend her. Und da, im Gegensatz zu anderen Instanzen, Die PARTEI sämtliche Stoßgebete wahrnimmt, kam ein nach gebratenen Mandeln duftender, sehr gut durchdachter Antrag heraus:

Möge der Herr uns allen gnädig sein

Der Stadtrat möge in seiner unendlichen Weisheit beschließen:
<u>Verschiebung des Christkindlesmarktes & Weihnachten auf den 24.02.2021.</u>

Begründung: Die Trauer und Enttäuschung die am Montag, den 26.10.2020 durch ganz Augsburg zogen, waren bis in die letzten Winkel der Stadt zu vernehmen: Der Christkindlesmarkt, auch Glühmarkt oder „Wacken der Büroangestellten" genannt, wurde abgesagt. Das Coronajahr 2020 hat die Schaustellx und Würstchenverkäufx schon schwer getroffen, viele stehen kurz vor dem Ruin, jetzt den Glühmarkt ersatzlos zu streichen setzt ein vollkommen falsches Signal in Richtung der Standbesitzer. Da die Partei Die PARTEI die Partei der extremen Mitte ist, möchten wir allen „ich-brauch-den-Mist-zwar-nicht,-kaufe- es-aber-trotz-

dem-Verkäufx" unter die Armen greifen und die Wettbewerbsfähigkeit wiederherstellen: Warum werden den Schaustellx für den Sommer Ausweichtermine gegeben, den Schaustellx und Bratwurst-Brutzel-Butzen- Besitzx aber nicht? Bei „Sommer in der Stadt" oder dem Plärrer 2020 war es kein Problem, dass man den Schaustellx andere Termine und Locations angeboten hat, wer weiß, wie die Zahlen zum Inzidenzwert im Januar oder Februar aussehen? Da der Klimawandel den Winter sowieso immer weiter nach hinten schiebt, hätte man im Februar vielleicht auch noch Glück mit dem Wetter und man würde etwas Schnee haben. Immerhin träumen wir doch alle von einer weißen Weihnacht. Wenn der Inzidenzwert im Frühjahr wieder fällt, kann man auch leichter wieder seine bucklige Verwandtschaft besuchen. Ich gehe mal davon aus, wer gegen diesen Antrag stimmt, will Weihnachten einfach mal seine Ruhe haben und mit dem ganzen Unfug rund um die Geburt Jesu oder seinen Verwandten nichts zu tun haben. Haters gonna hate: Schon klar, dass jetzt wieder diese sinnfreien Argumente kommen: „Weihnachten ist im Dezember, nicht im Frühjahr!", „Das ist ja Blasphemie!", „Gotteslästerung!" Man muss hier einfach mal ein wenig outside the box denken, hat Jesus ja auch gemacht, als er dann wieder auferstanden ist. Zwinkersmiley. Und mal ganz ehrlich: Jesus und Gott wird es nicht stören, dass wir die Feierlichkeiten zu seinem Geburtstag etwas verschieben – muss ja jeder in 2020 machen. Sollte es die beiden doch stören, können sie ja gerne das persönliche Gespräch mit uns suchen. Lisa McQueen – Die PARTEI

Um rechtzeitig die Verschiebung der Familienfeiern und Last-Minute-Geschenkeeinkäufe planen zu können, wir lehnen uns mal aus dem Fenster und sagen, den ein oder anderen hätte es gefreut, reichten wir den Antrag zeitnah, schon im Oktober, ein. Da die wirklich sehr gute Idee von einer Einzelstadträtin einer, in den Augen der Altparteien, Kleinst- und Splitterpartei eingereicht wurde, geschah natürlich erst einmal zwei Monate nichts. Gras legte sich leider über die Sache. Im Dezember muss dann wohl jemand aus der csU in eine Augsburger Datenbank den Begriff „Weihnachten" eingegeben haben und stieß auf unseren sehr guten Antrag. Irgendwas, wir wissen bis heute noch nicht genau was, hat die csU an dieser grundvernünftigen Einreichung so maßgeblich gestört, dass das Telefon unserer Stadtratskönigin Lisa zum surren brachte. Am Ende der anderen Leitung Leo D. (Name aus Gründen gekürzt), seines Zeichens Gastronom auf der Maxstraße (die wir nach unserer Machtübernahme, wie angekündigt, noch untertunneln werden. Wir stehen zu unserem Wort), 1. Stv. Bezirksvorsitzender im Bayerischen Hotel-und Gaststättenverband, Landesrevisor Hotel-und Gaststättenverband DeHoGa, ehrenamtlicher Richter am Sozial- und Arbeitsgericht, Kreisvorsitzender der csU im Augsburger Westen und Ortsvorsitzender der csU Bergheim (wie die sehr guten Leser des Buches „Augsburger Wahlk(r)ampf" wissen, ein Gebiet, zu fast 100% von der csU okkupiert. Bei der Kommunalwahl 2020 hatten wir dort die wenigsten Stimmen. Daher haben wir uns entschlossen, dass wir nach der Machtübernahme Bergheim verschenken. Dem ersten Interessenten zahlen wir noch drei Euro für sofortige Abholung). Ein Mann, der sich laut eigener Aussage „mit den Werten und der Politik der csU sehr gut identifizieren kann". Naja, zu den „Werten" dieser Vereinigung kommen wir noch. Vielseitiger Mensch also. Und anscheinend halbprofessionell auch als Missionar tätig. Dass unsere Anträge, den geneigte Politiker oft bei erstmaliger Sichtung nicht sofort umreißen, schon mal anecken und empören können, dafür haben wir vollstes Verständnis.

Wofür wir allerdings keines haben: Wenn man uns vorschreibt, wie wir unsere politische Arbeit zu tun oder zu lassen haben. Oder wenn wir uns für etwas Entschuldigen sollen, dass keiner Entschuldigung bedarf. Oder wenn eine Partei, die das Wort „christlich" in ihrem Namen trägt, die so weit von diesen Werten abgekommen ist, dass man den Buchstaben schon fast nicht mehr lesen kann, uns auffordert, dass wir uns wegen Gotteslästerung öffentlich entschuldigen sollen. So war aber die Auffassung des Herrn D., bzw. so wurde ihm zugetragen, er solle das gegenüber unserer Lisa zur Sprache bringen. Besagter Herr, bzw. die csU Augsburg war der Meinung, man hätte mit diesem Antrag über das Ziel hinausgeschossen und es fühlten sich wohl einige Christusliebende beleidigt. Herr D. verlangt eine reuige Entschuldigung vor versammelter Mannschaft, also dem Stadtrat, um sich wegen „Blasphemie und Gotteslästerung" selbst zu kasteien. Gesagt, nicht gemacht. Ganz im Gegenteil. Professionell wie unsere Lisa eben nun mal ist, wurde das Schwarmwissen in diversen PARTEI-Gruppenchats aktiviert. Ein höchst bluthochdruckvermeidender Tipp für die Augsburger csU für den Fall, dass sie das Buch lesen wird: Wann immer man der sehr guten Partei Die PARTEI vorschreibt, wir sollen etwas so oder so machen, wird es garantiert anders gemacht. Zwinkersmiley. Dann wird unter großzügiger Unterstützung sämtlicher Parteianer eine Entschuldigungsrede angefertigt. Wir wollen ja mal nicht so sein und uns gerne kurz vor Weihachten wieder vertragen.

So schreiten wir zu jenem denkwürdigen Tag des 17.12.2020 voran, die letzte Sitzung vor der Winterpause und den Weihnachtsferien. Die Tagesordnung mit 24 Punkten dümpelt halbherzig vor sich hin. Einzig nennenswerter Punkt war der Bau der Straßenbahn Linie 5, welche einige betroffene Anwohner auf die Barrikaden brachte. Entweder muss man Bäume fällen, oder man hat die Straßenbahn zukünftig direkt vor der Nase am eigenen Grundstück vorbeifahrend. Einen Tod muss man also sterben, da der Stadtrat nicht gewillt war, den Vorschlag von Lisa anzuhören, die Linie 5 direkt auf die Wertach auf Stelzen verlaufen zu lassen. Eine Win-Win-Gelegenheit, die man, mal wieder, hatte verstreichen lassen. So wären nicht nur sämtliche Bäume stehen geblieben, man hätte auch keine Bürger durch den Lärm belästigt und hätte Stromschnellen direkt in die Wertach setzen können. Man möge es sich einfach auf der Zunge zergehen lassen. Da plant die Stadt und die Stadtwerke Augsburg, die das Monopol auf den Nahverkehr haben, eine neue Straßenbahnlinie, besprechen über 30 Möglichkeiten wie die Linie verlaufen kann, kommen allerdings nicht auf die Idee, einer Schwebebahn über den Fluss der Wertach. Lausige Amateure. Weil Bauprojekte im 21. Jahrhundert immer Anwohner auf einen Riot-Modus bringen, war dies auch hier abzusehen. So nahm sich der ein oder andere Datschiburger die Dreistigkeit heraus, einen Redebeitrag mit dem post-coronaischen Zahlungsmittel Applaus zu begleiten. Sehr zum Unwohlsein sein des Webärchen, welche die Bürger daraufhin ermahnen musste, dies doch bitte zu unterlassen. So viel „Trinkgeld" hatten die meisten Redebeiträge auch nicht verdient. Wo kommen wir da auch hin, wenn sich Wähler*innen (gendern, bitte immer gendern) nach der Wahl noch in aktuelle Politik einbringen möchten? Wir sind ja hier nicht in der Schweiz oder einem anderen Land, in dem Demokratie noch großgeschrieben wird. Liebe(r) LeserX, behalten sie das tadelnde Verhalten der OB noch für einen kurzen Moment im Hinterkopf. Dankeschön.

Endlich war es so weit, die „Entschuldigung" von Lisa stand an. Kaum begonnen mit ihrer Rede, verließen 75% der FCK AfD-Fraktion den Saal. Wenn man sich kurz die Zeit nimmt, diese Fraktion im Augsburger Stadtrat zu googeln, sieht man schnell warum sich nur drei davon bewegen möchten und einer nicht. Selbst nach Aufforderung durch den Klimacamp-Freund Andreas J. wollte der besagte Herr seine müden Knochen und Muskeln nicht bewegen. Er wusste wohl schon, dass ihm was entgehen würde. Doch bevor wir zu den höchst unfreundlichen Reaktionen kommen, hier Lisas gehaltene Rede im Wortlaut:

Grüß Gott -pause -
Sehr geehrte Kolleginnen und Kollegen, sehr geehrte Frau Oberbürgermeisterin!
Mein Redebeitrag heute ist dem Anruf eines Kollegen geschuldet, der mich bat, mich für meinen gestellten Antrag zur „Verschiebung des Weihnachtsfests" zu entschuldigen. Dem möchte ich nun nachkommen:
Liebe Kolleginnen und Kollegen, liebe Jesusliebende, sehr geehrte Frau Oberbürgermeisterin, ich möchte selbstverständlich ein ganz klares und entschiedenes ENTSCHULDIGUNG sagen. Jedoch nicht an Gott, Göttin oder Gottdivers, immerhin wissen wir das Geschlecht ja noch nicht so genau, sondern ich möchte mich persönlich bei Charles Darwin entschuldigen.

-pause und das Raunen aus der CSU genießen-

Jede Sekunde entstehen ca. 4000 neue Planeten im Universum, dass ist so gut wie bewiesen. Gott ist – zumindest bisher – noch nicht bewiesen. Wahrscheinlich ist Gott/Göttin/Gottdivers einfach so sehr damit beschäftigt, wo anders intelligentes Leben zu erschaffen, dass er für uns keine Zeit mehr hat, weil wir es auf der Erde maßlos vergeigen/verkacken.

Ich bin mir noch nicht mal sicher, welcher Punkt im Antrag Sie am meisten stört: Ist es etwa das Datum, das verschoben wird? Hierzu möchte ich kurz anmerken: Es gibt keinen empirischen Beweis dafür, dass Jesus – für den Fall, dass er gelebt hat – an diesem Tag geboren wurde. Ein Garchinger Astrophysiker behauptet, Jesus wäre im März geboren, australische Wissenschaftler berechnen den Zeitpunkt gar auf Juni. Aber das Datum verschieben kann eigentlich nicht der Stein des Anstoßes sein, immerhin ist ja Ostern auch nicht auf ein Datum festgelegt. Das ist bekanntermaßen auch immer unterschiedlich. Kleines Nerd-Wissen nebenbei: Ostern wird übrigens nach den heidnischen Bräuchen zum Vollmond berechnet. Da haben sich die Christen bei den Heiden bedient, wie übrigens auch an Weihnachten. Oder warum glauben Sie ist die Geburt Jesu so nah an der Sonnenwende? Zufall? Ich glaube nicht. Vielleicht ist der Stein des Anstoßes auch, dass ich in meinem Antrag von „Unfug" in Bezug auf das Weihnachtsfest geschrieben habe. Wenn ich mit Gott und Jesus rede, bin ich gläubig. Reden die beiden allerdings mit mir, dann bin ich verrückt. Was genau definiert eine Religion? Wenn ich alleine und als einzige Person an Unfug glaube und diesen verbreite, zählt das nicht als Religion. Macht das aber eine große Anzahl an Personen, zählt es als Religion. Kurze Nachfrage meinerseits: Wie viele Personen müssen den gleichen Unfug erzählen, damit es als Religion zählt? Die PARTEI hat 50 000 Mitglieder bundesweit.

Wenn wir Martin Sonneborn zu einem Gott erklären, sind wir dann eine Religion und dürfen uns auch in Pandemiezeiten zu einem strickten Lockdown treffen? Immerhin darf die Christmette ja stattfinden. Wenn Gott/Göttin/Gottdivers nicht gerade damit beschäftigt wäre, die neue PlayStation 5 zu zocken und das mitbekommen würde, dann würde es klatschen – aber keinen Applaus.

Meine sehr geehrten Damen und Herren, ich werde mich sofort und ernsthaft bei allen Christen und Christinnen hier im Stadtrat für meinen Antrag entschuldigen, sobald die csU das C in Ihrem Namen lebt.

Die Union aus cdU und csU ist es, die Menschen im Mittelmeer erbarmungslos ersaufen lässt.

Die Union aus cdU und csU ist es, die weiterhin Kriegsspielzeug in Krisenregionen verkauft, um die heimischen Arbeitsplätze zu sichern und weil halt Kohle dabei rausspringt.

Die Union aus cdU und csU ist es, die den Innenminister stellt, der sich freut, dass an seinem 69. Geburtstag 69 Flüchtlinge abgeschoben werden.

Liebe Kolleginnen und Kollegen aus der csU-Fraktion: Fangen Sie nicht bei mir an nach unchristlichen Werten zu suchen, sondern räumen Sie erst mal in Ihrer eigenen Partei auf. Und hören Sie auch endlich mit der Scheinheiligkeit auf. Dankeschön.

Unerwartet gab es für diese Rede einiges an Applaus. Ok, nicht von der csU, aber die soziale Fraktion aus lolSPD und Linke konnten sich kaum mehr im Zaum halten. Ebenso einige Vertreter*innen der Grünen. Das war deswegen unangenehm, da die Grünen mit der csU ja eine Stadtregierung bilden und dann seinem Koalitionspartner so das

Messer in den Rücken zu rammen, das hätten wir den Bettvorlegern der csU (Zitat Dr. Florian F. von der lolSPD) gar nicht zugetraut. Zu einem Koalitionsbruch hat es leider noch nicht geführt, aber wir arbeiten weiter stark daran. Aus bester und zuverlässigster Grünen-Quelle wissen wir, dass das verstörend war, als die Grünen hierbei applaudierten. Gern geschehen. Leider kam es dann anscheinend von Seiten der csU zu einem kompletten Kalender-Fauxpas. Diverse Parteimitglieder hatten wohl fehlerhafte Daten vor sich liegen und verwechselten spontan den 17. Dezember mit dem Aschermittwoch. Sofortige Dislokation waren die Folge und ein Passauer Festzelt mit Augsburg verwechselt. Prompt wurde auf politische Bierzeltlaune umgeschaltet. Applaus wurde gestartet. Doch nicht nach, sondern noch während der Rede wurde der törichte Versuch unternommen, einer gewählten Stadträtin durch infantiles Verhalten das Wort zu übertönen. Peter Sch., seines Zeichens die Vertretung des Berufstandes der Polizei, stört erst die Rede mit eigenmächtigem Anschalten seine Mikros und lautem Klatschen, dann mit Zwischenrufen wie „Komm, hör auf" oder „Mach was! Mach was!" in Richtung Maggie H., die sich als Parteilose gut mit Lisa versteht und deren Sitznachbarin ist. Hat alles nur nichts gebracht, die Rede wurde bravurös vorgetragen. Wer jetzt denkt, die Oberbürgermeisterin würde hier die eigenen Parteimitglieder ähnlich belehren, wie am selben Tag noch die klatschenden Bürger bei der Linie 5, der hat eine ganz seltsame Moralvorstellung von der csU. Es wurde zwar durch OB Weber angesprochen (vielen Dank dafür), allerdings nicht in diesem Maße. Aber glaubt nicht nur uns, glaubt unserem guten Freund Alex Mai vom Klimacamp, seines Zeichen Stadtratssitzungsprotokollant:

Neues von Alex Mai

Mega geile Rede von Lisa McQueen. […] Sie wird währenddessen von csUlern lautstark gestört, u.a. von Peter Sch., dieser fängt mittendrin an laut zu klatschen, wird aber von der OBin unterbunden. Roland W. [V-Partei] kritisiert die akustischen Störungen der csUler. Astrid G. von der csU findet, dass aktuell Leute sterben und es keinen Platz für Humor gibt. Wtf, Leute sterben wegen der csU, hat sie nicht bei Lisas Rede zugehört? (Protokoll des Klimacamps der Stadtratssitzung vom 17.12.2020)

Stadtratkollege Thomas L., seines Zeichens ebenfalls bei der csU, sah dies natürlich völlig anders:

Neues von Thomas L., csU

Peter Sch. hat die Sitzung des Stadtrates nicht gestört und sein Engagement im Stadtrat über viele Jahre hinweg ist einmalig! Dass PARTEI Mitglieder aus der ACAB Ecke kommen, wird mit diesem Beitrag wieder deutlich und kann schon für sich alleine stehen. Daneben benommen hat sich in der Stadtratsitzung lediglich eine Stadträtin der PARTEI, die das Weihnachtsfest, das Christentum an sich und alle Gläubige verunglimpft hat. Das ist einfach nur verwerflich und zeigt, dass Die PARTEI in kein Parlament der Welt gehört. (Facebook-Kommentar vom 18.12.2020)

Tschuh, Tschuh! Bitte alle zurücktreten, der Lügenzug fährt vor. Dass diese Worte natürlich absoluter Blödsinn in blinder csU-Treue sind, fanden nicht nur Alex Mai vom Klimacamp und wir Zuschauer, auch Stadtratskollege Roland W. von den radikalen Veganern der V-Partei. Wir mögen unterschiedlicher Essensauffassung sein, aber neigen gerne beide dazu, Dinge klarzustellen. Die simple Kommentierung des Beitrages von Thomas L. mit „natürlich wurde die Rede aktiv gestört" wissen wir sehr zu schätzen! Ganz mysteriös war dann die Tatsache, dass der Antrag mit nur einer Gegenstimme, natürlich von Lisa, abgelehnt wurde. Schade. Aber uns wurde wieder die höchste Ehre zu teil, dass die lokalen Printmedien über Die PARTEI berichteten:

Bisher waren die Vorstöße innerhalb weniger Minuten abgehandelt, weil die Stadträte die Anträge zügig ablehnen, meist nur gegen die Stimme von McQueen. Zuletzt beantrage McQueen in der Sitzung vor Weihnachten, angesichts der hohen Corona-Werte den Christkindlesmarkt und das ganze Weihnachtsfest auf den 24. Februar zu verschieben. [...] In der Stadtratsitzung vor Weihnachten sorgte der Beitrag speziell bei Stadträten der CSU für Verärgerung. Ein Stadtrat forderte im Vorfeld offenbar eine Entschuldigung. „Die PARTEI mag eine Satirepartei sein, aber manche Stadträte fühlen sich tief getroffen", sagte Weber, nachdem McQueen noch einen kritisch-flapsigen Beitrag zu Religion und Glauben vortrug. [...] McQueen konterte, sie ziehe den Antrag zurück, sobald die CSU angesichts ihrer Haltung zu Flüchtlingen im Mittelmeer das „C" aus ihrem Namen streiche. (Artikel vom 29.12.2020)

Naja, da hat der Redakteur der Augsburger Allgemeine ein bisschen was durcheinandergebracht. Das „c" (dies bitte kleinschreiben) lassen wir der csU natürlich gerne und wollen es ihr auch nicht wegnehmen. Haben wir so nie gesagt. Wir haben an die Vereinigung lediglich mit Nachdruck appelliert, wieder die Werte, die aus dem Buchstaben hervorgehen, so wie ursprünglich vorgesehen, vorzuleben. Neben vieler Kritik druckten aber die lokalen Printmedien auch einsichtige Zuschreiben von findigen Bürgern ab:

Neues von Hanno S.

Lisa McQueens Antrag hat mich belustigt und nachdenklich gestimmt. Zeigt er doch, dass die Christilisten (die politisch-motiviert-religiösen CSU'ler) keine Satire verstehen. Ginge es um Muslime, wäre die Empörung groß, warum diese Gruppe eine Anspielung nicht als solche verstünde. Wenn im Zusammenhang mit ihrem Propheten manche Stadträte sich getroffen fühlen, hoffe ich auf eine bürgernahe Politik, die nicht nur Bürger trifft. Immerhin ist es die Zeit der Hoffnung, dass nach der Betroffenheit der Stadträte ein Sinneswandel Einzug hält. (Leserbrief in der Augsburger Allgemeine vom 31.12.2020)

Neues von Stefan S.

Sehr geehrte Frau McQueen, über das Sitzungsprotokoll von Alex Mai zur letzten Stadtratssitzung bin ich auf Ihre Rede gestoßen. Sie war herrlich zu lesen und ich wäre gerne live dabei gewesen. Schon bei der vorhergehenden Stadtratsitzung, bei der ich tatsächlich anwesend war (mein erstes Mal), hat mir Ihr Beitrag zur Linie 5 gefallen. Ich hatte schon eine längere Zeit vorher gelesen, dass Ihre Beiträge die Stadtratssitzungen bereichern. Das live zu erleben und die Stimmung im Saal mitzubekommen, hat mich bewegt, Ihnen zu schreiben. Sie erfahren ja durchaus Häme, Spott und Kritik. Bitte lassen Sie sich davon nicht zu sehr beeindrucken. Vielen Dank für Ihre Stadtratsarbeit. (E-Mail vom 19.12.2020)

Solche Mails und Briefe tun gut. Wir haben aus ganz Deutschland viel Zuspruch für den Mut von Lisa bekommen und noch mehr für die Rede. Es sind genau diese Momente, in denen wir uns vor Augen führen, dass es noch Menschen gibt, die Botschaften verstehen und Kritik an maroden Weltansichten nicht verstummen lassen. Was sonst noch wichtig ist zu erwähnen: Während dieser blasphemischen Rede hat das Stadtratsmitglied Astrid G., csU, den Saal weinend verlassen. Bedauerlich und ungewollt, aber wahrscheinlich hat die Frau während der Rede einfach Klarheit bekommen, für was für „christliche Werte" ihre Partei eigentlich steht. Hierzu am Ende dieses Kapitels noch einmal Realtalk, wie es so schön heißt:

Selbstverständlich haben wir nichts gegen freie Religionsausübung oder gläubige Menschen jeglicher Glaubensausrichtung. Wir haben ja selbst katholisch-gläubige Menschen in unseren eigenen Reihen. Damit haben wir natürlich kein Problem. Womit wir allerdings ein Problem haben ist Heuchelei. Weiterhin Menschenleben im Mittelmeer enden zu lassen? Weiterhin wohlwollend mit der Schwesterpartei cdU Kriegsmaschinerie zum Töten in Krisenregionen schicken? Weiterhin einem Innenminister Zuspruch geben, der sich neckisch freut, wenn Flüchtlinge wieder in Kriegsgebiete zurückgeschickt werden? Einen Hans-Georg Maaßen nach Inningen bei Augsburg einladen und ihn dann beklatschen, wenn er auf die Frage „Was unterscheidet das Wahlprogramm der Werte Union mit dem der AfD" mit einem simplen „Nichts", antwortet? Sich selber im Parteinamen das Wort „christlich" zu verpassen, und diese christlichen Werte mittlerweile ja fast ins Gegenteil umzukehren? Ist das nicht am Ende des Tages die wahre Gottes-lästerung? Jene selbst betreiben und diese dann anderen vorwerfen? Wenn ich mir schon selbst eine Schlinge um den Hals lege, brauche ich mich nicht wundern, wenn sie jemand zuzieht. Oder es mit den Worten von Erich Kästner zu sagen: „Was auch immer geschieht: Nie dürft ihr so tief sinken, von dem Kakao, durch den man euch zieht, auch noch zu trinken!"

Wie Die PARTEI bestellte Ware
aus dem Mittelmeer nachholen wollte

Die Mühlen der Politik arbeiten bekanntermaßen sehr langsam. Noch langsamer arbeiten sie anscheinend, wenn es um die kommunalpolitische Thematik von leidenden Flüchtlingen, die in unmenschlichen Lebensbedingungen hausen müssen, geht. Im Mai 2020 hat der komplette Stadtrat, bis auf vier Querulanten von der letzten Bank, (von welcher Fraktion mögen die wohl nur stammen?) beschlossen, dass man im Programm „Augsburger Dreiklang" 50 flüchtende Personen aus Krisenregionen aufnehmen möchte. Wir erinnern uns: Waffen hinschicken damit Bürgerkriege weiterlaufen, cool! Leute, die aus den Regionen flüchten, uncool! Simpel und vereinfacht formuliert, aber im Kern passend und die süßen Eurönchen kommen ja auch nicht von alleine. Aber diese vier besagten Solidaritätsverweigerer würden sich wohl eher eine Hand abhacken, als auch nur einem Flüchtenden ein besseres Leben zu ermöglichen. Höchstens, er ist Deutscher und flieht aus dem Wirtshaus von einem Menschen, der dem linken Spektrum angehört. Aus Gründen wird es bei den „Trostpreisen der Evolution" nicht die rechte Hand sein. Die benötigen sie sicherlich, um den ein oder anderen Gleichgesinnten zu Grüßen. Namen oder Parteien werden bewusst nicht genannt, die geneigten LeserInnen (Gendern, niemals vergessen!) sollen auch ein bisschen ihrer Fantasie freien Laufen lassen dürfen.

Die Monate gingen einer nach dem anderen ins Land und der LeserX ahnt es bereits, passiert ist: nichts. Bedauerlicherweise lässt sich auch nach einem Jahr, im Mai 2021, immer noch relativ leicht zusammenfassen, was mit den 50 flüchtenden Personen ist: nichts. Irgendwo scheint es hierbei Lieferschwierigkeiten zu geben. Kann ja über das Weihnachtsgeschäft mal passieren. Investigativ wie wir sind, und weil das bei der csU und den christlichen Werten so semi-gut funktioniert, wollten wir da mal geschickt mit einem Antrag nachhaken. Außerhalb einer Stadtratssitzung wohl die effektivste Art, Gehör zu finden oder zumindest sichergehen zu können, dass minimum ein Stadtangestellter es liest. Den Nagel auf den Kopf treffend formuliert, so wie man es von uns kennt. Zudem hat uns die csU bereitwilligst offenbart, was ihr Kryptonit ist: Wenn man sie bei ihren angeblichen christlichen Werten packt und so lange darin bohrt, bis man auf das Knochenmark kommt oder noch ein kleines Stück weiter. Genau aus diesen sadistischen Gründen haben wir diesen Antrag am 23.12.2020, also einen Tag vor den Weihnachtsfeiertagen, in denen wir es uns alle im Westen ja immer so schön gutgehen lassen, eingereicht:

Der Stadtrat möge in seiner unendlichen Weisheit beschließen: <u>Städtepartnerschaft oder Städtefreundschaft mit der Gemeinde Mytilini auf Lesbos.</u>
Begründung: Bestellte Ware wird nicht zum vereinbarten Zeitpunkt geliefert! Im Mai schon haben wir gemeinsam als gesamter Stadtrat beschlossen, Flüchtende aus Moria aufzunehmen. Leider mit mäßigem Erfolg. Bis zum heutigen Tag sind von dieser Buchung genauso viele Flüchtende angekommen, wie Andi B. Scheuert in seiner Amtszeit als Verkehrsminister richtiggemacht hat: null. Zudem wurden unversehrte Flüchtende bestellt, ohne Brandschäden oder Räucherzusatz, was nach der Feuerkatastrophe im September wohl kaum zu bekommen sein wird. Kurz nach

dem Brand haben noch sämtliche, normal denkende Parteien nach sofortigen Maßnahmen und Aktionen geschrien. Zumindest in den sozialen Medien. Aber: Das Internet vergisst nicht, Schatzis. Zwinkersmiley. Bis heute scheint noch nicht klar zu sein, warum es zu dieser Verzögerung beim Frachtgut gekommen ist. Geben wir dem Problem doch einfach mal einen fiktiven Namen, ähnlich wie Corona oder Covid-19. Lasst es uns das H-Punkt-Seehofer-Problem nennen. Obwohl, das wäre zu offensichtlich: Nennen wir es lieber das Horst-S-Punkt-Problem. Das Horst-S-Punkt-Problem ließe sich für Augsburg ganz einfach lösen, wenn wir eine Städtepartnerschaft mit der Gemeinde Mytilini eingehen. Damit schlagen wir gleich mehrere Fliegen mit einer Klappe:

- Man kann sich mit einer Delegation selbst ein Bild vor Ort machen (der ein oder anderen Fraktion würde dies vielleicht mal ganz gutttun).

- In deren Reisegepäck wäre außerdem bei der Rückreise sicherlich Platz für ein bis zwei Flüchtlingskinder. Wie man ja so hört, ist die dortige Versorgung nicht gerade üppig und die Kinder extrem unterernährt; das Reisegewicht bliebe also auch im zulässigen Bereich.

- Bei weiteren Katastrophen lassen sich die unnützen Mittelsmänner umgehen: Wir kopieren die Strategie der Drogenkartelle und bestellen direkt da, wo das Problem erzeugt wird.

- Wir alle können unser Griechisch verbessern: HELL-as! Oder so ähnlich wird es geschrieben

Um eine langjährige und gute Städtepartnerschaft oder die abgeschwächte Form der Städtefreundschaft aufzubauen, braucht es natürlich noch ein paar Gemeinsamkeiten; das Horst- S-Punkt-Problem zu umgehen allein reicht nicht: Augsburg ist aufgrund seines Wasserkonzepts UNESCO Weltkulturerbe. Mytilini hat ein 26 Kilometer langes Aquädukt aus dem 3. Jahrhundert n.

Chr., welches bis zu 127.000 Kubikmeter Wasser pro Tag transportieren konnte. Wasser verbindet. Vielleicht haben sie auch ähnlich viele Wasserköpfe in ihrer Stadtregierung wie wir? Mytilini hatte schon 330 n. Chr. ein antikes Theater, welches sogar damals schon ca. 10.000 Besucher fassen konnte. Nachdem wir offensichtlich immer wieder Probleme mit den Kosten unseres Staatstheaters haben, können wir hierzu vielleicht einen grandiosen Wissensaustausch anstreben, damit die Kostenexplosion endgültig gedeckelt ist.

Da es in letzter Zeit wohl zu der ein oder anderen Meinungsverschiedenheit zwischen Stadtratsmitgliedern und dem Thema Gott und Jesus kam, möchte ich meine Kolleginnen und Kollegen noch auf Folgendes hinweisen: Jesus is watching you! Wie abgestimmt wird, notiert er sich bestimmt. Sichern Sie sich jetzt also Ihren direkten Platz im Himmel, dann müssen Sie auch nicht erst durch den Recall namens „Fegefeuer". Und um uns schon mal die Stimmen aus dem veganen und vegetarischen Lager zu sichern: Die Kinder werden im Schlaf mittlerweile aufgrund der katastrophalen Zustände von Ratten angefressen. Wenn die Veganer und Vegetarier nicht wollen, dass wir Tiere essen, dann sollten Ratten uns auch nicht essen! Lisa McQueen – Die PARTEI.

Was bisher noch nicht dazu gesagt/geschrieben wurde: das Lager auf der Insel Lesbos ist für die geringe Anzahl von 2.800 Personen ausgelegt. Der zwischenzeitliche Höchststand war über 20.000, also deutlich darüber, wie wir uns von parteiinternen Technikstudenten ausrechnen ließen. Wir wollen ja keine Fake News verbreiten. Selbst wenn Augsburg 50 Personen aus diesem todgeweihten Kreis aufnimmt, löst das natürlich auf Dauer keines der

Immer ärgerlich wenn die Post schlampig arbeitet!

Probleme. Damit aber noch nicht genug: Im September 2020 griff man nochmal so richtig tief ins Unglücksfass und wurde vom Schicksal mit einer bitteren Brandkatastrophe belohnt. Ob das Feuer gelegt wurde oder durch einen Unfall entstanden ist, spielt unterm Strich keine Rolle. Auch wenn der rechte Mob das natürlich anders sieht. Bei einer 75%igen Überbelegung war es nur eine Frage der Zeit, bis sich ein Feuer entfacht und ausgebreitet hätte. Dazu muss man kein Mathegenie oder Brandschutzbeauftragter sein. Zudem warnten Experten bereits Monate zuvor, dass eine Brandkatastrophe unmittelbar bevorstehe. Welche grausige Berufsbezeichnung und den Dialog, den wir uns dazu vorstellen: „Servus, und was arbeitest du so?" - „Ach ich bin

Experte für Flüchtlingscamps". Oder so ähnlich. Danke liebe Stadtregierung, dass ihr selbst den Nischenberufen eine Daseinsberechtigung gebt. Die ehemalige Arbeiterpartei lolSPD hat angerufen und möchte ihre Kompetenzen wiederhaben. Wie lange die Stadt Augsburg brauchen darf, um einen Antrag zu bearbeiten oder zumindest darauf zu antworten, wissen wir nicht, und haben auch keine Lust nachzuschlagen. Es sollte bei manchen Anträgen aber, die von der Thematik aufgrund der Menschlichkeit schnelleres Antworten bedarf, auch keine Rolle spielen. Es dauerte fast ein geschlagenes halbes Jahr, bis wir endlich, in Form eines Briefes von der Oberbürgermeisterin persönlich, eine Antwort erhielten. Gerade noch kurz vorm Druck dieses Buches. Als hätte sie es geschmeckt, vielen Dank! Aber ein halbes Jahr für diese wichtige Thematik, wow, einfach nur wow. Wer weiß, womöglich haben wir wieder mal einen wunden Punkt getroffen. Verdammt, und dabei gingen alle im Stadtrat davon aus: die machen ja nur Schabernack. Dass die „Witzbolde" (Gruß an die Kritiker auf Social Media) sich auch zum Großteil ernsthaften Themen annehmen, Sachen ansprechen, die unbequem sind und diese in einer Verpackung präsentieren, die nicht jeder Politiker der Altpartei gewohnt ist, ja damit konnte nun wirklich niemand rechnen. Was wir mit einer hohen Wahrscheinlichkeit gar nicht wissen dürfen: Anfang Mai sickerte aus höchster Ebene durch, dass nur vier flüchtende Menschen aus dem gesamten Volumen der Schande aufgenommen werden. Wir schreiben die Zahl nochmal als Ziffer: 4. König Markus, Verzeihung, Ministerpräsident Söder und Horst Seehofer haben es schließlich so entschieden. Warum gegen das Patriarchat groß auflehnen? Ohne Stress lebt es sich doch am einfachsten. Und seien wir doch mal ehrlich: Uns geht's hier in Bayern doch wirklich hervorragend!

Doch nochmal zurück zum Brief unseres Webärchen. Die schlechte Nachricht vorneweg: unser sehr guter Antrag für eine Städtepartnerschaft wurde abgelehnt. Mit einer Begründung, die alle Todgeweihten auf Lesbos mit den Ohren schlackern lassen:

Neues von Eva Weber

Die Stadt Augsburg pflegt partnerschaftliche Beziehungen bereits zu sieben Städten in drei Kontinenten schon seit vielen Jahren bzw. Jahrzehnten. [...] Wir bewegen uns damit zahlenmäßig an der Spitze deutscher Städte und Gemeinden und sind uns ebenfalls bewusst, dass auch eine Stadt in der Größenordnung Augsburgs damit am Ende ihrer Kapazitäten angelangt ist. Aus diesem Grund hat der Ältestenrat der Stadt sich schon vor längerem dafür ausgesprochen [...] im Hinblick auf den Fortbestand und die Weiterentwicklung der bestehenden Partnerschaften grundsätzlich keine weiteren Verbindungen einzugehen. (Antwortbrief auf unseren Antrag zur Städtepartnerschaft mit der Gemeinde Mytilini vom 07.06.2021).

Eine simple Antwort. Augsburg hat schon zu viel mit den anderen Partnerstädten zu tun, als dass man auch mal human agieren, ja vielleicht sogar Menschenleben retten könnte. Geneigter Leser, auch wir mussten googeln, was denn nun die Partnerstädte sind. Wissen tut das sowieso niemand. Sie heißen: Bourges, Dayton, Inverness, Jinan, Liberec, Amagasaki und Nagahama. Sie befinden sich in den Ländern: Frankreich, USA, Schottland, Tschechien, Japan und China. Man sieht schon, alles Krisengebiete, aus denen man Menschen auf jeden Fall rausholen muss, um sie vor dem sicheren Tod zu bewahren. Schielt man mit einem Auge auf die Stadthomepage, dann sieht man schon, dass man mit den Aktivitäten wohl an der Grenze des Menschenmöglichen angekommen ist: Schüleraustausche, Besuch von A-Jugendfußballern, Jugenddelegationen, Besuche von Sportgemeinschaften, Musik- und Heimatgruppen sowie Kunst- und Kulturvereine bis hin zum Schüler- und Studentenaustausch. Mit Sicherheit alles ehrenwerte Tätigkeiten. Aber wir reden hier von einer Städtepartnerschaft, die zum einen ein Symbol nach außen gewesen wäre, nicht nur immer zu reden, sondern auch ausnahmsweise Mal zu handeln. Während also die Menschen immer noch im Dreck von Lesbos verrecken, lehnen wir uns zurück und heißen Musikgruppen aus Bourges, Frankreich willkommen. Herrlich! Ein bisschen schöne französische Musik überspielt doch schnell mal unser schlechtes Gewissen. Und um das Thema, dass Augsburg schon bei der Menge an Partnerstädten an seiner Grenze angelangt wäre, nochmal kurz aufzugreifen: Ein simpler Blick auf die Browser-Startseite von Studenten, namentlich Wikipedia, und schon kommt man ins Grübeln. Die Stadt mit den meisten Städtepartnerschaften in Deutschland ist Köln mit 21. Dahinter liegen Berlin mit 17 und Nürnberg mit 14. Gut, der ein oder andere findige Internetnutzer kann nun durch gezieltes Benutzen von Google herausfinden, dass diese Städte mehr Einwohner als Augsburg haben. Falls man das denn als Argument aufführen könnte. Aber auch eine Stadt wie Darmstadt, die einwohnermäßig fast die Hälfte hat, hat fünfzehn. In Zahlen: 15. Wir sollten an dieser Stelle mal bei den Genossen in

Hessen nachfragen, wie Darmstadt diese Fülle an Arbeit bewältigen kann. Bleibt da überhaupt noch Kapazität für Politik? Alles sehr mysteriös!

Und falls man sich jetzt fragt: Wer ist denn dieser „Ältestenrat" der eine weitere Städtepartnerschaft abgelehnt hat? Wer jetzt an ein Rudel Druiden oder die fünf ältesten Bürger Augsburgs denkt, liegt leider falsch. Nun, laut der Homepage der Stadt Augsburg ist er wie folgt definiert: Hier sitzen die Oberbürgermeisterin, die 2. Bürgermeisterin und der 3. Bürgermeister sowie je eine Vertretung jeder Stadtratsfraktion. Auch eine Ausschussgemeinschaft ist vertreten, welche wird aber nicht genauer definiert. Hier mal wieder ein absolut genialer Schachzug der Obrigen. Wir haben ja schon gelernt, solange csU und Grüne die Mehrheit stellen, kann der Restpöbel machen was er will. Und da im Ältestenrat, ohne die Ausschussgemeinschaft, von neun Personen ganze drei csU'ler, zwei Grüne und ein FCK AfD'ler sitzen, war die Sache eigentlich ab dem Moment klar. Und wir wunderten uns schon wieso der Antrag abgelehnt wurde. Traurig das alles

Wie Die PARTEI mit kritischen atomaren Produkten umging

Bevor wir zum Thema der langsamen Vernichtung der gesamten Menschheit kommen, noch eine nette Anekdote, wie hochrangige Lokalpolitiker in Augsburg anscheinend diverse Privilegien genießen dürfen, von denen wir so noch gar nichts wussten. Bekanntlich hat sich die Idee von Frau Weber, den Stadtrat außer Kraft zu setzen und wichtige Entscheidungen nur dem Haupt- und Ferienausschuss zu übertragen, irgendwie nicht so richtig durchgesetzt. Der Rat tagt nun wieder mit allen Mitgliedern in seiner vollen Pracht und ist, Überraschung, immer noch handlungsfähig. Allerdings wurde wieder vom ehrenwerten Rathaus in die Kongresshalle, Verzeihung, Kongress am Park, ausgewichen. Findige Zukunftsforscher mussten sich leider widerlegt sehen, denn der Stadt ist es tatsächlich gelungen, den Stadtrat mittlerweile auch auf das Neulandmedium Internet auszuweiten. Livestreams werden nun angeboten. Um dies alles für die breite Masse einigermaßen erträglicher zu gestalten, sahen wir von der sehr guten Partei Die PARTEI genötigt, eine überbezahlte und unterforderte Beratergruppe unserer Lisa zur Seite zu stellen, wie wir denn das zusehende und leidende Volk während diesen Livestreams aufmuntern können. Honorare wurden in Flüssiggold kassiert, Ergebnisse geliefert. Mehr dazu später. Zurück zu den Privilegien der hochverehrten Stadträte.

Genau wie beim Augsburger Rathaus sind die Parkplätze beim Kongress am Park, naja, sagen wir, limitiert bis nicht vorhanden. In der Regel aber kein Problem, setzen die Stadträte, Bürgermeister und hohen Tiere meistens auf

Nachhaltigkeit. Die meisten bilden Fahrgemeinschaften, kommen bei schönem Wetter einzeln zu Fuß, mit dem Fahrrad oder der Tram. Wir reden uns das zumindest gerne ein, denn an das Gute im Menschen neigen wir manchmal doch noch zu glauben. Und außerdem gibt es ein paar hundert Meter entfernt eine Sporthalle, bei der man problemlos sein Vehikel abstellen kann. Inzwischen waren wir uns aber alle parteiintern einig, dass unsere Stadtratskönigin Lisa ihre Bescheidenheit langsam ablegen dürfte. Ebenso sollte sie ihre komplette Gesäßmuskulatur nicht durch unnötiges Gehen zum Veranstaltungsort beanspruchen, sondern diese eher für das bevorstehende stundenlange Sitzen trainieren. Der gewählten Vertretung der topmodernsten Turbopolitikpartei im Stadtrat gebühre schon ein Parkplatz kurz vor der Kongresshalle. Mit einem kürzeren Zeitpolster als sonst wurde der Ratsort angefahren, und nach kurzer Suche ein Stellplatz in angenehmer Nähe gesichtet und auserkoren. Unmittelbar daneben stand auch der Personenbeförderungswagen von Baureferent M. Ohne Parkticket. Perfekt! Dem Kollegen nachmachend wurde auf eine zahlungspflichtige Parkerlaubnis verzichtet und der Sitzung beigewohnt. Als Baureferent verfügt man natürlich über privilegiertes Parken. Aber eher in Notfällen, wenn es mal schnell auf eine Baustelle gehen muss. Von dieser ist aber an jenem Tag weit und breit keine Spur. Und man war ja schließlich mit dem Kollegen zum selben Job an Ort und Stelle, da sollte das auch nicht so einfach gehen. Geschockt war die PARTEI-Gemeinde dann allerdings doch, als bei der ersten Pause eine Politesse gesichtet wurde, die sich am Queen-Auto zu schaffen machte. Zwickte besagte Parksündenaufschreiberin doch tatsächlich einen Strafzettel unter den

Scheibenwischer von Lisas Auto und wollte gerade wieder davonschleichen. Bei Herrn M.´s Auto hing natürlich nichts. Nach einer kurzen Unterredung, dass man ja auch Stadtrat sei, kam die Frage auf, wieso nicht weitere Autos auch noch einen Zettel kassieren würden. Man bekam keine Antwort. Enttäuscht, und schon eine ausufernde Spendenaktion austüftelnd, wurde wieder ins Gebäude gegangen. Da unsere Lisa dem Herrn ja nun mittlerweile genehm war, vollbrachte er so dann gleich ein Wunder. Noch während die Stadtratssitzung lief, war der Zettel auf mysteriöse Weise verschwunden. Ein Bußgeld war nicht mehr fällig. Unsere Stadträtin konnte ihr Lachen unter der Maske kaum verbergen. Schön, wenn man schon so früh im Kalenderjahr Geld spart.

Mit neuen Sonderparkrechten als Stadträtin kann man schon mal ins Grinsen geraten!

In dieser Stadtratsitzung wurde uns auch zum allgemeinen Jubel eines deutlich: Die Erfüllung unserer Forderung aus dem Europawahlkampf von 2019, erste Schritte für eine deutsche Atombombe, wurden geebnet und rückten immer näher. Aber wie konnte es soweit kommen, und das obwohl die Grünen mit in der Stadtregierung sitzen? Nun, die Internationale Kampagne zur Abschaffung von Atomwaffen, kurz ICAN, setzte am 22. Januar den Atomwaffenverbotsvertrag in Kraft, nachdem er von über 50 Staaten (nicht von Deutschland) ratifiziert wurde. Dies begrüße am selben Tag auch durch eine Pressemitteilung unsere Oberbürgermeisterin: „Wir begrüßen ausdrücklich das Inkrafttreten des Atomwaffenverbotsvertrages. Er ist ein Meilenstein auf dem Weg zu Global Zero, einer Welt ohne Atomwaffen". Nur ein paar Tage später wird eine Hundertachtzig-Grad-Wendung hingenommen und gemeinsam mit der csU und den Grünen der Punkt „Unterzeichnung des Städteappels der ICAN" einfach von der Tagesordnung genommen. Begründung: man sieht die Befassungskompetenz nicht (im Gegensatz zu mittlerweile über 100 anderen deutschen Städten), das habe rein gar nichts mit Inhalten zu tun, gegen Atomwaffen sei man ja auch, wie csU-Kollege Leo D. versichert. Was ein Buchstabe doch ausmachen kann, oder wie schnell aus einem ICAN ein ICAN'T wird. Dies alles wurde natürlich noch schnell im mittlerweile berühmt berüchtigten Haupt- und Ferienausschuss behandelt, in welchem eigentlich nur die Themen durchgearbeitet werden sollten, die keinen Aufschub dulden. Stößt schon sauer auf das Ganze: In kleinem Ausschusskreis (zehn von siebzehn Räten sind hier von der csU oder den Grünen) kurz mal mit dem Finger schnippen und die Sache scheint gegessen zu sein. Die Leute an den Endgeräten, inklusive der Volksvertretung, die nicht in diesem Ausschuss sitzen, werden vor vollendete Tatsachen gestellt. Aber Kopf hoch, es steht natürlich jedem Stadtratsmitglied frei, sich als Einzelperson für den Appell zu positionieren. Wow, was für eine Auswirkung. Die Älteren unter uns können sich vielleicht noch erinnern, dass die Grünen, die ja in Augsburg auch an der Stadtregierung beteiligt sind, einst gegründet wurden, fest in dem Glauben, eines Tages eine Welt ohne Atomwaffen zu schaffen und auch gegen diese rigoros ihre Stellung zu behaupten und zu vertreten. „Atomkraft, nein danke" hallte es aus den Mündern von Turnschuhträgern im Bundestag. Fest entschlossen, eines Tages die Welt in einen besseren Ort verändern zu können. Auch wenn Deutschland, aufgrund von nuklearer Teilhabe, diesen Vertrag nicht mitratifiziert hat, so hielten es dennoch über 100 deutsche Städte für sinnvoll, sich öffentlich in einem Städteappel zur ICAN und den Vertrag zu bekennen. Und in Augsburg entscheidet man sich diesen Punkt gar nicht erst zu behandeln, da man keine Kompetenzen dafür verspüre. Das hat euch doch sonst auch nicht von Entscheidungen abgehalten. Bei der csU konnte man sich das ja schon aufgrund des Handels mit heißer Ware der Union in Kriegsgebiete irgendwie hinreimen, aber von den Grünen doch wohl nicht. An dieser Stelle sei nur wieder mal Dr. Stefan F. von der lolSPD zitiert, der über die Augsburger Grünen resümierte: „Als Tiger gestartet, als Bettvorleger der csU geendet". Wenn die süße Macht einen verführt und die Kernkompetenzen auf der Strecke bleiben. Aber Kopf hoch, Die PARTEI hat schon den passenden Aufkleber gebastelt:

Genau dafür sind unsere Eltern und Großeltern damals auf die Straße gegangen! Danke liebe Grüne!

Da wir nach mittlerweile fast einem kompletten Jahr im Stadtrat gelernt haben, dass die Grünen in Augsburg nicht so wie die eigentlichen Grünen sind, können wir uns ja auch mal unangenehmeren Umweltproblemen annehmen. Deutschland ist wie gelernt in nuklearer Teilhabe, das heißt andere Atomnationen können schon mal gut und gerne hier ihre Spielzeuge ablagern. Aber was macht man dann mit dem ganzen Atommüll, sollte er erst mal unbrauchbar oder gar entsorgt werden müssen? Bei ein paar Kaltgetränken, auch wenn es noch Winter war, wurde eifrig nachgedacht und wir kamen nur zu einem Entschluss: Augsburg war die Lösung. Großer Gegenwind der Grünen kann ja jetzt nicht mehr kommen. Die PARTEI fordert ja schon seit Jahren ein Atommüllendlager Prenzlauer Berg, doch nun sollte sich auch Westdeutschland dieser Thematik einmal annehmen. Und haben uns nicht die ein oder anderen Hollywoodfilme gelehrt, dass man auch unfassbare Kräfte durch Atomenergie bekommen kann? Die Amerikaner würden uns doch niemals anlügen…oder? Naja, jedenfalls verfassten wir einen hieb- und stichfesten Antrag:

Der Stadtrat möge in seiner unendlichen Weisheit beschließen:
<u>Bewerbung bei der Bundesregierung und bei der Regierung von Bayern für ein Atommüllendlager im Stadtgebiet.</u>
Begründung: Der Stadtrat möge in seiner unendlichen Weisheit beschließen: Bewerbung bei der Bundesregierung und bei der Regierung von Bayern für ein Atommüllendlager im Stadtgebiet.
Begründung: Leider wurde es seitens der Legislative vollkommen verpasst, diejenigen für das Beseitigen (oder zumindest der Endlagerung) verantwortlich zu machen, die den Atommüll verursachen. Sprich die Betreiber der AKW. Es ist, wie es ist, der „kleine Mann" darf es mal wieder ausbaden, aber damit kennt er sich seit der Bankenrettung in diversen Wirtschaftskrisen gut aus und der Aufschrei aus der Bevölkerung sollte nur von kurzer Dauer sein. Aber warum nicht in der Krise eine Chance sehen?
*Immer mehr Unternehmen in Augsburg streichen die Segel oder die Segel werden durch ausländische Investoren gestrichen -Kuka, Osram, MAN- viele große Firmen stehen vor Massenentlassung, nicht erst seit das Corona-Virus die Devisen auffrisst. Viele Augsburger*innen befindet sich in Kurzarbeit oder werden in Kürze ihren Job verlieren (können). Warum darauf warten, dass die Schlange bei der Agentur für Arbeit länger wird, wenn wir schon heute diesen Bürger*innen mit offenen Armen sagen können: Wir haben an euch gedacht! Wir warten nicht erst ab bis die große Arbeitslosenwelle kommt, sondern bieten ihnen heute schon eine*

neue Verdienstquelle im Bereich des Atommüllendlagers. Ein Job mit einer Garantie von 1 Millionen Jahre. Welcher Arbeitgeber kann heute schon solch eine Jobgarantie aussprechen?

Benötigt werden Arbeitnehmer*innen aus allen Bereichen. Selbst das Klientel der Minderbegabten und solcher, die es zu keinem Abschluss geschafft haben, können auf ein ordentliches Gehalt hoffen. Es kann ja nicht jeder von denen in der letzten Bank im Stadtrat sitzen. Mit einer Schaufel ein tiefes Loch graben sollte wirklich jeder hinbekommen, oder als menschlicher Gammazähler für die Forschung.

Forschung – ein gutes Stichwort. Eventuell haben wir die Möglichkeit in ein paar Jahren aus dem Atommüll wieder Uran anzureichern und es somit als waffenfähiges Plutonium zu verkaufen. Dass die großen Volksparteien hiermit kein Problem haben sollten, zeigen seit Jahren die Verkaufszahlen für Kriegsspielzeug in Ländern (Türkei, Saudi-Arabien usw.) in denen wir von der PARTEI nicht einmal eine Wasserpistole verkaufen würden.

Immer wieder kommen Bedenken aus der Bevölkerung, dass ein Atommüllendlager ja nicht auf Dauer dicht sein kann und es unter gegebenen Umständen sein kann, dass ein Leck entsteht. Dies muss nicht unbedingt ein Nachteil sein. Wir alle kennen doch diverse Comics, bei denen sich Menschen nach so einem Atomunfall mit abnormal krassen Superkräften verwandeln. Selbst wenn es zu einem negativen Fall kommen könnte, ist dies auch weniger schlimm: Augsburg setzt sich mit der Entscheidung ein Endlager zu finden auf Ewigkeit in den Geschichtsbüchern fest. Die Nationalsozialisten träumten vom tausendjährigen Reich, wir können heute schon das millionenjährige Reich verwirklichen.

Kosten: Mit der Entscheidung ein Endlager im Stadtgebiet zu bauen können wir, wenn die Vertragspartner hier richtig verhandeln, uns mehrere Staatstheater leisten. Wir könnten uns sogar

Trotz mal wieder unschlagbarer und schlüssiger Argumente wurde der Antrag fast einstimmig, mit Ausnahme von Lisa natürlich, im Stadtrat abgelehnt. Bei darauffolgenden Online-Stammtischen wurden, nach dem Verzehr des ein oder anderen Weizensmoothies, diverse Ideen zur Diskussion in die Runde geworfen. Pläne wurden geschmiedet. Nach der Absage von Augsburg und der weiteren Weigerung vom Prenzlauer Berg, konnten wir trotz der Einnahme von flüssigen Ideensprudlern keinen geeigneten Ort auf unserem schönen Planeten mehr finden. Um nicht nur das Problem des atomaren Mülls, nein der ganzen Thematik Atomwaffen, unserer Welt zu entledigen, kam unser sehr guter erster Vorstand auf die geniale Idee, das ganze doch auf die Venus auszulagern. Hierzu wurde fein säuberlich ein elektronischer Brief für die European Space Agency, kurz ESA, entworfen:

Sehr geehrte Damen, Herren, Diverse und Extraterrestrische (wenn es die gibt, dann bei euch),
zunächst sei mal gesagt: Ich bin nicht intelligent, also nicht so intelligent, dass es für ein Studium zu einem Geo Engineer oder Raketentechniker gereicht hätte. Aber ich bin feiger Pazifist und als solcher ist es meine Hauptaufgabe, die Welt von den gefährlichsten Waffen zu befreien, die wir besitzen: Atombomben. Nur wohin damit? Wäre es nicht eine wunderbare Idee, diese auf die Venus zu schießen um Ihnen doch noch eine sinnvolle Aufgabe zu geben?

146

Ich weiß, dass die Technologie dazu in Zukunft geben wird. Aktuell wäre es wohl noch ein klein wenig zu teuer (Ich neige zu Untertreibungen), aber mich würde interessieren, ob es grundsätzlich möglich wäre, einen Planeten mit Hilfe atomarer Sprengkraft in eine neue Rotation zu bringen. Die Venus befindet sich in der habitablen Zone, ihr Problem scheint aber zu sein dass sie sich zu langsam dreht. Immerhin ist ein Tag länger als ein Jahr auf der Venus. Dadurch kann sie kein Magnetfeld aufbauen und ist somit nicht geschützt. Die Atombomben von heute haben eine höhere Sprengkraft als die Bomben damals auf Nagasaki und Hiroshima. Würde man beispielsweise um den Äquator rund um die Venus (relativ) zeitgleich mehrere Bomben mit einem bestimmten Winkel einschlagen lassen, so könnte man die Rotation in Gang bringen. Und wer weiß, vielleicht haben wir dann in ein paar Millionen Jahren einen erreichbaren Ersatzplaneten. Eines hätten wir aber mit Sicherheit: Mehr Entspannung und Abrüstung auf der Erde.

Über eine Antwort, auch wenn das Unterfangen nicht möglich ist und als absoluter Humbug abgetan wird, würde ich mich sehr freuen.

Mit freundlichen Grüßen

Roland Kurschat

Bevor die ultimative Lösung in Form des Absendens der Mail verwirklicht wurde, wurde diese doch nochmal nach kurzer reiflicher Überlegung gestoppt. Intensive fünfzehn Sekunden Googlerecherche ergaben, dass das Venussymbol allgemein als das biologische Zeichen für „Frau" oder „weiblich" steht. Auch wenn es nur eine Namensgleichheit war, wir befinden uns im 21. Jahrhundert und die bevorstehende Empörung konnten wir uns schon bildlich vorstellen. Durch das Beschießen und die Atommüllablagerung auf einem weiblichen Symbol hätten wir mit Sicherheit einen formidablen Sexismus-Shitstorm ausgelöst. Dies zu verhindern war oberste Priorität. Und wo wir gerade von Frauen sprechen: Ist die Marke „Venus" nicht auch im Markt der Damenhygieneartikel eine große Nummer? Verdammt, wir haben zu dieser Thematik ein paar Anträge in der Hinterhand, das würde sich natürlich ein bisschen beißen (mehr dazu später). Auch konnten wir doch unseren wunderschönen Kapitalismus mit negativer Werbung diverser Marken und Produkte nicht gefährden. Wir hätten uns sonst 70 Jahre alles umsonst aufgebaut. Die Idee war also wieder vom Tisch. Wir von der sehr guten Partei Die PARTEI haben alles nur Menschenmögliche getan. Sollen sich doch ab jetzt die Fridays For Future Bewegung oder die Grünen damit rumschlagen.

Apropos Online-Stammtische: Die Grünen und die csU. Das ist in Augsburg schon so eine Freundschaft geworden, dass man sich mittlerweile anscheinend den gleichen Social-Media-Manager teilt. Gemeinsame digitale Stammtische werden ausgerichtet. Und das ist ja auch völlig okay, das sind auch nur Menschen. Weswegen wir den Screenshot so zugeschnitten haben um ja keine Gesichter zu zeigen. Zusammen in Coronazeiten sich digital verabreden muss ja auch eine Regierungskoalition, sei sie aus noch so unterschiedlich in ihren ursprünglichen Ausrichtungen. Aber die Tatsache, dass sich so entgegengesetzte politische Ströme langsam zu einer schwarz-grünen Masse vereinen, und eine der beiden Parteien schrittweise über Jahre ihre Ideale verraten wird, da man einmal von der süßen Macht gekostet hat und diese für hervorragend befunden hat, macht einem dann schon ein bisschen Angst. Wir sagen bewusst nicht welche Partei wir meinen, ausgebuffte Leser haben es eh schon erkannt. Ist Schwarz jetzt das neue Grün, oder Grün jetzt das neue Schwarz? Wir sind farbtechnisch stark verwirrt! Und nicht nur wir. Auch unser GröVaZ Martin Sonneborn, der unseren fragenden Post geteilt und diesem dadurch eine Reichweite von über 100.000 erreichten Personen bescherte, war genauso ratlos. Auch die sechsstellige Anzahl an Menschen konnte uns diese Fragen leider nicht beantworten.

VORSICHT VERWECHSELUNGSGEFAHR!

CSU Augsburg
9 Min. ·

Sich treffen, austauschen und einfach mal kennen lernen, ohne dabei (nur) über die Politik zu reden. Da geht es uns in Zeiten von Corona nicht anders, wie allen Menschen - es ist in Präsenz nicht möglich. 😟 Bisher war es dabei weder für die CSU Augsburg noch für die Grüne Augsburg üblich, sich an einem gemeinsamen Stammtisch zu treffen. Doch miteinander zu koalieren, bedeutet zu aller erst auch die Welt des anderen besser kennen und verstehen zu lernen. Deswegen haben wir den Schwarz-Grünen digitalen Stammtisch ins Leben gerufen. Die Premiere war für alle Beteiligten ein kurzweiliges und amüsantes Vergnügen bei dem sogar ungeahnte Gemeinsamkeiten entdeckt wurden. 🚴🎧
Wir freuen uns auf die weiteren Termine! 🖤💚

Grüne Augsburg
6 Min. ·

Sich treffen, austauschen und einfach mal kennen lernen, ohne dabei (nur) über die Politik zu reden. Da geht es uns in Zeiten von Corona nicht anders, wie allen Menschen - es ist in Präsenz nicht möglich. 😭
Bisher war es dabei weder für die GRÜNEN Augsburg noch für die CSU_Augsburg üblich, sich an einem gemeinsamen Stammtisch zu treffen. Doch miteinander zu koalieren, bedeutet zu aller erst auch die Welt des anderen besser kennen und verstehen zu lernen. 🌱 Deswegen haben wir den Schwarz-Grünen digitalen Stammtisch ins Leben gerufen. 💚🖤

Die Premiere war für alle Beteiligten ein kurzweiliges und amüsantes Vergnügen bei dem sogar ungeahnte Gemeinsamkeiten entdeckt wurden. 🚶🚶🍻🏍🚵
Wir freuen uns auf die weiteren Termine!

Clever! Nur ein Social Media Manager für beide Accounts. Das spart Geld!

Wie Die PARTEI das Leben der
Augsburger zu erleichtern versuchte

In der Not frisst der Teufel Fliegen. Fliegen finden wir am häufigsten auf der Toilette, weshalb auch der Name Scheißhausfliege durchaus populär wurde. Leider können wir dem Teufel in Augsburg kein üppiges Mahl auftischen, da die örtlichen Begebenheiten nicht gerade großzügig zur Entleerung von Darm und Blase einladen, da sie schlichtweg nicht vorhanden sind. Wer viel Hopfentee konsumiert (kann bei hochseriösen Politikern schon mal vorkommen), muss häufiger urinieren. Dass die Damen einmal im Monat noch etwas, naja, nennen wir es blutigere Probleme haben, sahen wir uns gezwungen, zwei weitere Anträge einzureichen. Irgendwann, zeitlich lässt sich das leider nicht mehr genau einordnen, kam uns von der Stadtverwaltung zu Ohren, man solle während der Pandemie keine satirischen Anträge stellen, da diese nur Zeit fressen. Düstere Zeiten also für Jux- und Klamaukvereinigungen wie die lolSPD und die Spaßpartei FPD. Unsere Anträge an den Stadtrat sind stets hochseriös, absolut verständlich, dringend notwendig und stets sehr gut! Durch undichte Stellen und heimliche Fanboys in der Verwaltung drang natürlich durch, dass man durch die Blume uns meinte. Ein höchst zweifelhaftes Vorgehen der Stadt Augsburg. Uns über mehrere Ecken zu erzählen, wir sollen die Grundkompetenz unserer Partei, namentlich Politik auf hochseriösestem Niveau, über Bord werfen, nur weil gerade ein Virus umherschleicht, ist schon besonders dreist. Wir sind ja nicht die Grünen, die für ein wenig Macht auf sämtliche Grundprinzipien ihres politischen Daseins verzichten. Wir fragten uns lediglich, ob man auch mit dem gleichen Ansatz an andere Parteien herangegangen ist: Hat jemand der AfD Bescheid gegeben, sie sollen weniger rechts sein? Oder der Spaßpartei FDP gesagt, sie sollen weniger auf das Kleingeld und das Kleingedruckte achten? Sollten die Veganer in einer Pandemie weniger vegan sein, weil man das bei einer weltumfassenden Seuche nicht besprechen kann? Vielleicht, aber auch nur vielleicht, liegt gerade darin die Wurzel des Problems. Und der Fisch stinkt ja bekanntlich vom Kopf weg.

Dem ein oder anderem LeserX mag aufgefallen sein, dass wir im Laufe des Buches immer wieder darauf hingewiesen haben, wie unfassbar wichtig uns das Gendern ist. Das haben wir nicht nur gemacht um zu sehen, ob AfD Sympathisanten soweit kommen und das alles bis hier hin lesen (die haben häufig ein Problem mit der Gleichberechtigung zwischen Mann und Frau), nein, der Hauptgrund liegt im Antrag zu den kostenlosen Damenhygieneartikeln. Wir wollen nicht immer nur den männlichen Part nennen, es ist uns sehr wichtig, dass auch das weibliche Geschlecht gleichermaßen erwähnt wird. Da viele Städte mehr für das hygienische Wohl gewisser Vierbeiner machen, was natürlich auch wünschenswert ist, mussten wir diesen schönen Absatz einfach bringen. Wir vermuten, wissen tuen wir es nicht, dass es das erste Mal war, dass in einem Antrag der Stadt Augsburg das Wort „Bitches" erwähnt wird. Ja, auch wir hoffen nicht das letzte Mal, aber für diese absolut passende Textstelle haben wir uns schon artig selbst auf die Schulter geklopft. Aber glaubt nicht uns, glaubt dem sehr guten Antrag:

Der Stadtrat möge in seiner unendlichen Weisheit beschließen: <u>Kostenlose Damenhygieneartikel auf öffentlichen Toiletten bereitzustellen.</u>

Begründung: Wir schreiben das Jahr 2021 und gefühlt sind wir mit der Gleichberechtigung noch im Mittelalter. Laut Statistik und aktueller Hochrechnung wird es noch weitere 100 Jahre dauern bis die Gleichberechtigung zwischen Mann und Frau komplett vollzogen sein wird. Warum so lange warten, wenn wir doch heute schon dieser Entwicklung entgegentreten können, nicht eher die Entwicklung (zur Gleichberechtigung) beschleunigen? Daher fordere ich, dass sämtliche öffentliche Toiletten im Stadtgebiet kostenlose Damenhygieneartikel bereitstellen.

Die Krux an der Sache ist die: Augsburg liegt im schönsten Teil von Bayern: Schwaben. Sollte Der Schwabe(TM) sich Sorgen machen, dass nun wilde Horden und Hordinnen durch die Innenstadt ziehen, um ihre privaten Vorräte an OBs und Damenbinden aufzufüllen, dann könnten diese auch durch XX#Chromosomen basierte Ausgabeautomaten ausgeteilt werden. In diesem Falle sollte aber konsequenterweise auch das Toilettenpapier, BLATT-WEISE, aus dem Automaten geholt werden, um Diebstahl zu vermeiden.

Der Begriff „OB" ist hier nicht im Sinne der Oberbürgermeisterin zu verstehen, sondern als Abkürzung für „Ohne Binde". Nicht, dass es noch zu Verwirrungen in der Bevölkerung kommt und die Augsburger:innen denken, auf jeder öffentlichen Toilette kann Frau Oberbürgermeisterin Eva Weber am Automaten gezogen werden.

Da ich jetzt schon den Aufschrei der Burschenschaft höre: „Und was ist mit uns?", sollten im Ausgleich auch Tempotaschentücher zum Weinen für die Herren bereitgestellt werden. Oder Feuchttücher für den Bierschiss. Aktuell ist die Situation sogar so, dass für Hunde und Bitches in jedem Park mehr Hygieneartikel bereitstehen, als für das weibliche Geschlecht. Für die süßen, kleinen Vierbeiner haben wir überall Kästen mit „Doggybags" hingestellt, mit der schönen Aufschrift: „Weil er es nicht kann, bist du jetzt dran". Ähnlich pfiffige Sprüche könnten wir auch für die weibliche Körperpflege nehmen:

„Nur die Guten werden monatlich bluten"

„Läuft bei mir. Zwar rot und die Beine runter, aber läuft"

„Viva La Menstruación

Zwischenfrage: Warum nehmen wir eigentlich die Kacke von Hunden, die in vier Wochen von alleine verrottet wäre, um sie in ein Behältnis zu geben, dass mindestens 10 Jahre nicht verrottet? Wollte die EU nicht im laufenden Jahr etwas gegen Einwegplastik machen? Daher ist darauf zu achten, dass die Damenhygieneartikel ökologisch und biologisch abbaubar sind. Oder wollt ihr viele kleine Klimacamps auf den Damentoiletten?

Wer jetzt denkt, die Kosten dafür werden exorbitant nach oben schnellen: Nein. Die Zahl der öffentlich zugänglichen Toiletten der Stadt Augsburg hält sich bescheiden in Grenzen: Hier darf übrigens gerne nachgebessert werden (Vier, glaube ich). Aber um den Stadtrat nicht mit zu vielen auf Dingen auf einmal zu überfordern, alles schrittweise. Der übernächste Schritt wäre dann, diese Toiletten auch noch komplett kostenfrei zu machen (wäre dann vielleicht sogar ein kostenloses Verrichten der Notdurft)

Mit vielen lieben Grüßen,

Lisa Mc Queen – Die PARTEI

Dass auch der Augsburger Ableger der sehr guten Partei Die PARTEI nicht zu 100% immer alles richtigmacht, kann man bei diesem Antrag bestaunen. Sämtliche interne Kontrollgremien waren wohl über einen längeren Zeitraum noch ein bisschen betüddelt, so dass uns die Fehler nicht aufgefallen sind. Das ist aber gar nicht weiter schlimm, wir bauen den Satz („vier, glaube ich") einfach als Standardsatz irgendwo random ein. Improvisieren können wir. Und nachdem wir nach einem Jahr im Stadtrat davon ausgehen, dass unsere Anträge von den anderen, meist unseriösen, Parteien eh schon nicht mehr richtig gelesen, sondern nur kurz überflogen werden, sehen wir da auch kein Problem. Was macht man also als sehr gute*r Politiker*in (gendern, wir habens ja schon mehrfach angesprochen): Man nutzt ein anderes Problem, um vom eigenen Versagen abzulenken und versucht den Mob sich auf ein anderes Thema konzentrieren zu lassen. Im letzten Kalenderjahr haben wir hier nur von den besten lernen dürfen! Also schickten wir instant einen fast schon poetischen Antrag zur Toilettensituation hinterher:

Der Stadtrat möge in seiner unendlichen Weisheit beschließen: <u>Mehr kostenlose öffentliche Toiletten in unserer schönen Augsburger Innenstadt.</u>
Begründung: Der Stadtrat möge in seiner unendlichen Weisheit beschließen: Mehr kostenlose öffentliche Toiletten in unserer schönen Augsburger Innenstadt. Begründung: Wildpinkeln wird auf das Jahr gerechnet zu teuer! Durch die aktuelle Situation sehen wir unsere wunderschöne Innenstadt nahezu verwaist. Allerdings wäre sie auch ohne Pandemie ein sehr lebensfeindlicher Ort, da nicht einmal die grundlegendsten menschlichen Bedürfnisse befriedigt werden können, begibt man sich furchtlos dorthin. Sollte man zusätzlich so dreist sein und es wagen, einen Cappuccino oder gar ein Feierabendbierchen zu schlürfen, im vollen Bewusstsein dadurch eine nahezu berstende Blase zu provozieren,

hat man einen Abend voller kleiner Tippelschritte, gekoppelt mit einem starren, erzwungenen Lächeln auf dem schweißnassen Gesicht vor sich.

„Dann suche man eben eine der zahlreichen öffentlichen Toiletten in unserer schönen Innenstadt auf!", ruft da voller Inbrunst das Liegenschaftsamt der Stadt Augsburg. Und die gibt es natürlich auch, allerdings in einem so lächerlichen Maße, dass es sich auf jeden Fall lohnt, sich in diesem Rahmen darüber lustig zu machen. Nach ausgiebiger Onlinerecherche und dem mehrfachen Abgehen aller öffentlichen Straßen, Wege und Plätze unserer historischen Innenstadt, mit einer echten Detektivlupe aus einem Mickey Mouse-Heft, konnten exakt vier öffentliche Toiletten aufgespürt werden. Gleich vier?! Das reicht ja wohl für die ca. 300.000 Einwohner! Das sind ja lediglich 75.000 Leute pro Toilette. Doch lassen sie uns etwas Licht in das Dunkel öffentlicher Sanitäreinrichtungen bringen.

Toilette 1, Rathausplatz: Für günstige 50 Cent (ein Rentner muss dafür nur das Pfand von 6,25 Bierflaschen zu je 8 Cent investieren) kann man in beschaulicher Lage seine Notdurft verrichten, allerdings nicht nach 21 Uhr und auch nicht vor 8 Uhr. Zusätzlich gibt es ein Behinderten-WC mit Euroschloss, offenbar ist es noch nicht Nachteil genug, behindert zu sein.

Toilette 2, Stadtmarkt: Ein wahres Prachtstück und einfach immer geöffnet! Also natürlich immer, wenn eben Stadtmarkt ist. Heißt konkret: Montag bis Freitag von 7:00 bis 18:00 Uhr und sogar samstags von 7:00 bis 14:30 Uhr. Wenn ich also am Samstagabend auf die Toilette muss, kann ich diese pünktlich am Montag um 7:00 Uhr benutzen.

Toilette 3, Untere Jakobermauer: Diese Toilette hat sogar ganzjährig geöffnet, lässt also wirklich keinen Wunsch offen. Außer man hat vor, sie außerhalb der Zeiten von 7:00 bis 18:00 Uhr oder *nicht an einem Werktag zu besuchen. Diesen Umstand könnte man nun anprangern, allerdings sind die Zeiten clever gewählt, da sie den Kernarbeitszeiten eines durchschnittlichen Arbeitnehmers entsprechen. Je weniger Menschen so eine Toilette benutzen, desto sauberer bleibt sie natürlich, und das wollen wir am Ende doch alle. Und in seiner Freizeit kann der/die feine Herr/Frau Arbeitnehmer*in ja wohl auch das heimische Porzellan aufsuchen.*

Toilette 4, Rote-Torwall-str. 11: Hier handelt es sich nicht wirklich um Toiletten, sondern lediglich um Toilettencontainer, die zudem nur für Veranstaltungen geöffnet werden. Das ist so jämmerlich, dass wir keine Lust hatten, uns darüber lustig zu machen.

Soweit zu den Toiletten in unserer Innenstadt. Im Stadtgebiet Augsburg befinden sich insgesamt 13 öffentliche Toiletten, die vom Liegenschaftsamt verwaltet werden. Derzeit sind davon 11 in Betrieb. Eine nutzerfreundlicher als die andere. Sollte den/die geschäftige/n Augsburgerin bei entsprechenden Unternehmungen in der schönen, historischen Augsburger Innenstadt nun wider Erwarten (natürlich bereitet man sich auf eine solche Unternehmung vor, indem man ca sechs Stunden vorher die Flüssigkeitszufuhr umsichtigerweise komplett einstellt) doch der Ruf der Natur ereilen, kann das eine durchaus teure Erleichterung werden, da das Wildpinkeln nicht unter 35€ kostet. Obwohl es offenbar in Augsburg, wie auch wenigen anderen Städten tatsächlich eine 5€ Option bei einem gut gelaunten Beamten gibt, was einerseits nicht die Regel ist und andererseits schon zeigt, dass selbst die Stadt weiß, dass die Schuld nicht unbedingt bei Wildpinklern liegt. Sollte man Wiederholungstäter sein, oder ein besonders schwerer Fall vorliegen (hier bitte frei assoziieren), kann das Ganze auch den Gegenwert eines relativ gut erhaltenen Gebrauchtwagens erreichen

Liebe Freunde der Blasenentlastung, ihnen wird nicht entgangen sein, dass wir bisher noch von der harmlosesten Variante, dem Harndrang, ausgegangen sind. Wie sieht unsere wunderschöne, historische Altstadt aus, sollte aus reiner Notwendigkeit auch wild durch die Gegend defäkiert werden? Sollen Parkbänke als öffentliche Wickeltische genutzt werden? Oder möge Frau doch einfach hinter einen Baum verschwinden zum raschen Tamponwechsel? Entscheiden wir uns gemeinsam dafür, eine Stadt von Wildpinklern zu werden, fordern wir zumindest kostenfreie Urinella-Ausgaben, damit sich auch Frau ungeniert im Stehen an der Rathaustür erleichtern kann.
Mit vielen Lieben Grüßen,
Lisa McQueen – Die PARTEI

Wer das Prequel zu diesem Machwerk hier, namentlich das Buch „Augsburger Wahlk(r)ampf – Wie man mit einer 11-Mann-Liste einen Stadtratsitz für Die PARTEI holt", aufmerksam gelesen hat, weiß, dass wir schon zur Kommunalwahl des Öfteren in der Innenstadt zugegen waren. Sei es mit Infoständen, mit einer Sänfte für unsere Queen, oder dem hochbelobten Friedenspanzer. Wir kennen also die verzwickte Lage eines plötzlich und akut einsetzenden Willens, sofort einen See gründen zu wollen. Und so wurden wir unfreiwillig durch gezwungenen monetären Mehraufwand entweder finanzielle Unterstützer der Stadt Augsburg, oder aber von kapitalistischen Fastfood-Einrichtungen. Und da unser demokratisches System mit Bundestag, Landtag, Europa und auf kommunaler Ebene recht schnell die nächsten Wahlen für uns parat hält, können wir nur hoffen, dass die Stadt Augsburg endlich unseren geschundenen Blasen Gnade gewährt und den sehr guten Antrag in die Tat umsetzt. Und wenn sich jetzt der ein oder andere fragt, wieso wir nicht einfach weniger Weizensmoothies konsumieren, dann können wir nur darauf verweisen, dass uns nichts mehr am Herzen liegt, als die stadteigenen Hopfengebräumeister zu unterstützen. Eine Hand wäscht die andere. Die lokalen Brauereien zählen auf uns!

Wie Die PARTEI zur Problematik von bedenklichen Straßennamen stand

Wenn Die PARTEI einen Antrag einreicht, man solle doch bitte in einer selbsternannten Friedensstadt keinen Stadtteil mit dem Namen „Krieg" darin haben, dann wird das vom Stadtrat natürlich nicht beschlossen. Vergleiche hierzu Kapitel 5, die aufmerksamen LeserX werden sich noch daran erinnern. Hat man allerdings in selbiger Stadt einen Straßennamen, der mit bedenklichem Hintergrund auf eine Schlacht aus dem Ersten Weltkrieg hindeutet, dann kann man da schnell etwas machen. Logisch, Gebäude mit einer Kanone werden auch fachgerecht abgerissen, siehe Kapitel 4. Die Rede ist von der Langemarckstraße in Augsburg. Das Wort „schnell", so wie es der Augsburger Stadtrat auslegt, sei an dieser Stelle der geneigten Leserschaft kurz definiert: Bereits 2013 gab es die ersten Überlegungen dazu, ein paar böswillige Straßennamen aus der zukünftigen Stadtgeschichte zu tilgen. In mehreren Sitzungen („vier glaube ich") wurde immer wieder über diese Thematik diskutiert. Was das alles an Geld kostet, die hochdotierten Räte*innen zu beschäftigen, wird mal selbstverständlich verschwiegen. In Windeseile, nach nur läppischen sieben Jahren, hat man sich tatsächlich darauf geeinigt, den von den Nationalsozialisten missbrauchten Mythos über die Schlacht von Langemarck vom 10. November 1914 aus Google Maps zu verbannen. Hier mal ein kleiner Hinweis an die Verantwortlichen: Nur weil man etwas umbenennt, macht man die eigentlichen Gräueltaten dadurch nicht ungeschehen, im Gegenteil: Es wird in Vergessenheit geraten.

Viel interessanter wäre es gewesen, hätten man den Augs-
bürgenden (wir erfinden auch gendergerecht) die Proble-
matik so erklärt, dass sie es auch verstanden hätten. Um es
mit unseren Worten zu sagen: Alle zwei Meter ein großer
Gedenkblock auf der Straße, dass man immer anhalten
muss vor den vielen Mahnmalen, die die Straße dann zieren
würden. So kann man, während sich ein Auto oder Fahrrad
im Gegenverkehr gemütlichen 30er Tempo durchschleicht,
die Geschichte von Langemarck einverleiben. Immerhin
wollen wir doch alle, dass Bildung wieder mehr, aktiver
und gelebter wird. Hier hätte man die Chance dazu gehabt.
Zu was fehlendes Geschichtswissen führen kann, kann man
formidabel in einer 4-Mann-Fraktion im Augsburger Stadtrat oder an sämtlichen Wahlergebnissen in der Ostzone bestaunen.

Da wir ungern halbe Sachen machen, haben wir uns auf
die Suche begeben, wo denn in ganz Deutschland noch weitere Langemarckstraßen, -wege oder -plätze zu finden sind.
Und siehe da, die Liste ist gar nicht klein. Was also machen
mit so einem geballten Wissen? Richtig, einen Antrag dazu
verfassen. Immerhin soll ja ganz Deutschland was von dem
Umbenennungswahn der Augsburger haben. Schließlich
sind wir ja auch eine Servicepartei und womöglich wissen
all diese Ortschaften gar nicht, auf welch einer historisch
belasteten Straße ihre Anwohner da nichtsahnend vor sich
hinleben. Selbstredend beachteten wir bei dem sehr guten
Antrag auch die ältesten Urängste eines jeden Schwaben:
die Kosten. Diese haben wir fein säuberlich zur Selbstaus-
rechnung für die Stadtverwaltung aufgelistet. Findige,
blitzgescheite minderjährige Gymnasiasten haben uns ohne

zu zögern, und schwabenuntypisch unentgeltlich, dabei geholfen:

Der Stadtrat möge in seiner unendlichen Weisheit beschließen: <u>Umbenennung der Langemarckstraßen, -plätze und –wege, auch für andere Städte.</u>

Begründung: Zunächst einmal: Frenetischer Jubel! Nach nur sieben Jahren wird die Langemarckstraße seit der Idee der Umbenennung umbenannt. Respekt. Jetzt aber nicht nachlassen, bei dem Tempo schaffen wir noch einiges mehr. Wer „A" sagt, muss auch „B" sagen. Und wer „B" sagt, muss auch „ier" sagen. Das aber nur am Rande. Ob man es nun gut oder schlecht findet, dass die Langemarck umbenannt wurde: Wir haben noch richtig viel Arbeit vor uns, denn die folgenden Städte/Gemeinden haben auch eine Langemarck (Straße/Platz/Weg):

Bad Wildungen: Langemarckstraße

Gräfeling: Langemarckstraße

Bedburg: Langemarckstraße

Kitzingen: Langemarckstraße

Bergisch-Gladbach: Langemarckweg

Koblenz: Langemarckplatz

Bonn: Langemarckstraße

Korbach: Langemarckweg

Bremen: Langemarckstraße

Königswinter: Langemarckstraße

Donauwörth: Langemarckstraße

Münster: Langemarckstraße

Duisburg: Langemarckstraße

Neuss: Langemarckstraße

Eckenförde: Lanemarckstraße

Passau: Langemarckstraße

Eislingen/Fils: Langemarckstraße

Prüm: Langemarckstraße

Erlangen: Langemarckplatz

Rastatt: Langemarckstraße

Eschwege: Langemarckstraße

Rotenburg: Langemarckstraße

Essen: Langemarckstraße

Rothenburg: Langemarckplatz

Freiburg: Langemarckstraße

Sankt Augustin: Langemarckstraße

Gelsenkirchen: Langemarckstraße

Troisdorf: Langemarckstraße

Gersthofen: Langemarckstraße

Das sind nur 29 Gemeinden, die nach einem löblichen Brief durch unsere Oberbürgermeisterin doch bitte auch diese Straßen/Plätze/Wege umbenennen sollen.

Hier eine kurze Berechnung der Kosten dieser Umbenennung. Man gehe von den Kosten k und dem Aufwand a aus. Schnell kommt man auf folgenden Term:

$$\frac{\dfrac{k-a}{k+a}-\dfrac{k}{k-a}}{\dfrac{k+a}{k-a}-\dfrac{a}{k+a}}\times 0=\frac{\dfrac{(k-a)^2}{(k+a)\times(k-a)}-\dfrac{k\times(k-a)}{(k+a)\times(k-a)}}{\dfrac{(k+a)^2}{(k+a)\times(k-a)}-\dfrac{a\times(k-a)}{(k+a)\times(k-a)}}\times 0=\frac{\dfrac{(k-a)^2-a\times(k-a)}{(k+a)\times(k-a)}}{\dfrac{(k+a)^2-a\times(k-a)}{(k+a)\times(k-a)}}\times 0=$$

$$\frac{(k\times a)^2-k\times(k+a)}{(k+a)\times(k-a)}\times\frac{(k+a)\times(k-a)}{(k+a)^2-a\times(k-a)}\times 0=\frac{(k-a)^2-k\times(k+a)}{(k+a)^2-a\times(k-a)}\times 0=$$

$$\frac{k^2-2ka+a^2-k^2-ak}{k^2+2ka+a^2-vk+a^2}\times 0=\frac{-3ka+a^2}{k^2+ka+2a^2}\times 0=0$$

Das Ergebnis der Kosten beruh sich auf 0€. Wirkliche Kosten: Der Versand der E-Mail. Sollten Sie gegen diesen Antrag stimmen, haben Sie die Umbenennung nie wirklich ernst genommen.
gez. Lisa McQueen – Die PARTEI

Schon 2019 bei „Ausschnitte aus dem Stadtrat" wirkte unser Erster bei der Thematik der Langemarckstraße sehr nachdenklich.

Hoffentlich geht zumindest dieser Antrag noch durch und das verfluchte Wort Langemarck verschwindet auf ewig von deutschem Boden. Über Krieg im Allgemeinen denkt man schließlich ungern nach. Dass unsere Nation auch einmal für den größten Krieg in der Menschheitsgeschichte als Auslöser keine ganz unbedeutende Rolle spielte, ist ja für manche auch nur ein „Fliegenschiss in der Geschichte". Doch wie schon beschrieben, liegt da vor diversen Stadtverwaltungen noch ein langer, weiter, und vor allem arbeitsreicher Weg. Aufgrund des letzten Adjektiv könnte es also noch eine Weile dauern. Und dann wäre erst die Thematik „Langemarck" beendet. Kleiner Exkurs: Einer der beiden Autoren hat während seiner Studienzeit in Passau in einer gewissen Wörthstraße gewohnt. Die ist nach der Schlacht bei Wörth im Deutsch-Französischen von 1870/71 benannt. Unfassbar, oder? Man müsste nachforschen, seit wann diese Straße so heißt. Wenn sie vor 1933 schon so hieß, ja dann ist es ja nicht so schlimm. Solange die Nazis das nicht benannt haben, kann eine Straße ruhig nach einem Kriegsschauplatz betitelt sein. Andersrum könnten wir sie natürlich sofort als historisch belastet einstufen. Ungefähr so, wie die Tatsache, dass den 1. Mai als gesetzlichen Feiertag auch die Nationalsozialisten eingeführt haben. Es wäre doch eine Schande, wenn wir den jedes Jahr immer noch als Feiertag „feiern" und aus dem „Tag der Deutschen Arbeit" einfach den „Tag der Arbeit" gemacht hätten. Undenkbar!

Aber nochmal kurz zur Langemarckstraße. Wir, die sehr gute Partei Die PARTEI, lobten bereits im November 2019, mittels eines filmischen Beitrages aus der Reihe „Ausschnitte aus dem Stadtrat" die schnelle und zügige Umsetzung der Umbenennung nach nur bescheidenen 18 Sitzungen, sowie der Erstellung einer Kommission, die sich um einen neuen Straßennamen kümmern sollte. An das ganze verbrannte Geld was die Sitzungsteilnehmer sich einstecken konnten, darf man als sparsamer Schwabe gar nicht erst denken. Nicht vergessen, wir reden hier von einem Zeitraum von sieben bis acht Jahren, da geht einiges zusammen. Unser digital in Bewegbild eingereichter Vorschlag „Bernd-Höcke-Weg" hat sich leider nicht durchgesetzt. Völlig unverständlich, wir hätten hier nämlich gleich zwei Fliegen mit einer Klappe geschlagen. Einerseits wäre die

Debatte, ob die Straße historisch belastet und evtl. doch nach jemanden mit Verbindungen zur ultrarechten Szene benannt ist, komplett entfallen. Es wäre einfach von Haus aus klar gewesen. Und zweitens hätte man noch eine sinnvolle humanitäre Botschaft übermitteln können, in dem schelmische Spitzbuben einfach bei Briefen/Paketen/Postkarten das Wort „Weg" kleingeschrieben hätten, diese Schlingel. Die Straße trägt in Zukunft übrigens den Namen „Familie-Einstein-Straße", welcher auf die jüdische Geschichte von Friedensbringer, äh Kriegshaber hinweisen soll. Auch natürlich okay für uns.

Wie Die PARTEI einem haarigen
Wollknäuel huldigen wollte

Für diese Geschichte muss eigentlich weiter ausgeholt werden, da die Campus Cat in Augsburg unseren internationalen LeserX nicht bekannt sein wird. In Augsburg steht eine in massiven Beton gegossenen Uni, die eigentlich nicht erwähnenswert wäre, wenn da nicht das süße kleine Kätzlein leben würde. Für die Studierenden an der Uni gibt es im alltäglichen Unistress (*hüstel*) eine animalische Ablenkung: Auf dem Campus wohnt ein Kater, der sich sehr gerne von den Studierenden und Professoren die Wampe kraulen lässt, wenn diese mal keine Lust haben, einer Vorlesung beizusitzen oder auf dem Weg zur Mensa qualitativ hochwertige Lebensmittel zu ergattern versuchen. Da das „T" in PARTEI bekanntermaßen für Tierschutz steht, wollten wir unsere geballte Lockdownenergie auf diesen einen Antrag verwenden. Oder einem Antragsschreiberling war einfach langweilig und er hat das Pamphlet in weniger als 20 Minuten hin geklatscht. Wer weiß das schon so genau. Manch einer in der PARTEI munkelt, es liege daran, dass der Verfasser selbst Mitbewohner zweier Katzen ist und sich deshalb so für arrogante und schwererziehbare Tiere einsetzt.

Da Katzen die eigentlichen Stars im Interweb sind, ist es auch nicht groß verwunderlich, dass die Social Media-Präsenz des Tieres der der Uni meilenweit überlegen ist. So hat der Kater fast doppelt so viele Follower als der eigentliche Namensgeber der Campus Cat, die Universität selbst. Das führte auch schon dazu, dass international über die Campus Cat berichtet wurde und diese auch außerhalb Augsburgs, Bayerns und Europa bekannt ist. Wenn das kein Grund ist, diesem Kater ein würdiges Denkmal zu setzten, dann gibt es überhaupt keinen Grund mehr Denkmäler zu errichten. Logischerweise reichten wir daher den Antrag wie folgt ein:

Der Stadtrat möge in seiner unendlichen Weisheit beschließen:
<u>*Eine Statue zu Ehren der CampusCat.*</u>

Begründung: Katzen haben – das ist bekannt- neun Leben, aber auch diese werden irgendwann einmal vorbei sein. Trauriger Weise manchmal auch durch den Schuss eines Jägers oder Jägerin, so zuletzt passiert Anfang des Jahres 2021 in Friedberg. Um dem plötzlichen Ableben vorzubeugen und ein Zeichen für Tierschutz und Kultstatus bei Tieren zu setzen, fordere ich, der CampusCat Augsburg eine Bronzestatue zu widmen.

Die CampusCat hat mehr Follower (das ist Englisch und bedeutet sinngemäß übersetzt „Leute, die einem auf Social Media [= Soziale Medien] ständig am Rockzipfel hängen und warten bis man etwas Dummes oder Cooles macht), als die Universität Augsburg selber. Da schon alleine diese Tatsache Bände spricht, dass ein Tier, welches faul die Studierenden vom Lernen abhält, mehr Aufmerksamkeit bekommt, als das geballte Wissen unserer schönen Stadt, ist schon beachtlich. Daher ist es unausweichlich, die CampusCat dafür standesgemäß zu belohnen.

Zudem sollten wir ein Zeichen an alle Tiere da draußen setzen: Wenn man sich richtig anstrengt und genau das macht, was die Menschlein von einem wollen, kann man es auch zu einer in Bronze gegossenen Abbildung seiner selbst bringen. Vielleicht auch ein Geschäftsmodell für den/die ein oder andere/n Stadtrat/Stadträtin.

Tierfiguren aus Bronze sind nichts Außergewöhnliches und passt daher wie Ar*** auf Eimer zu Augsburg: So finden wir zum Beispiel in der russischen Stadt Nowosibirsk eine 2,5 Meter hohe anthropomorphe Labormaus zu Ehren der Opfer, die tapfer ihr Leben gaben, damit wir uns Feuchtigkeits- oder Antifaltencremes in das Gesicht schmieren können. Wie wir in Russland sagen: Gracias! Oder ein Beispiel aus der Nähe: In Frankfurt a.M. finden wir vor dem Eingang der Börse einen Bären und einen Stier. Die Ochsen findet man eher in der Börse (an dieser Stelle darf sich gerne mit der flachen Hand auf den Oberschenkel geklopft werden). Mit dem Errichten einer Statue zu Ehren des Kätzleins, kann man auch in Richtung der Kritiker des Tierversuchslabors an der Augsburger Klinik ein Zeichen setzen: Seht her, auch wir mögen Tiere (nicht nur mariniert, sondern auch dressiert)!

Die Kosten hierzu werden folgendermaßen berechnet: Man nehme mal an, dass die gesamte Statue wohl 2 Meter hoch, ohne Schwanz 3,33 lang (mit Schwanz 5 Meter) und 0,7 Meter breit sein wird. Bei der Oberflächenberechnung muss man nun beachten, dass man nicht von einer quaderförmigen Grundform ausgeht, ansonsten kommt man auf ein falsches Ergebnis. Besser wäre es, ein wenig genauer zu werden:

Der Kopf der Katze wird (gehen wir grob von einer Kugel aus) einen Radius von 0,33 Metern, der Schwanz eine Länge von 1,66 Metern, die Beine eine Höhe von 0,8 Meter besitzen und der restliche Korpus (gehen wir hier nun von einer quaderförmigen Grundform aus) eine Höhe von 0,86 Metern und eine Länge von 3,33 Metern haben. Des Weiteren wird jedes Bein ungefähr 0,28 Meter breit sein. So kann man nun berechnen:

$$O = 2(0{,}86m \cdot 3{,}33m + 0{,}86m \cdot 0{,}7m + 3{,}33m \cdot 0{,}7m) + (4 \cdot 0{,}33m2 \cdot \pi) + 4(2 \cdot 0{,}14m2 \cdot \pi + 2 \cdot \pi \cdot 0{,}14m \cdot 0{,}8m) + (2 \cdot 0{,}2m2 \cdot \pi + 2 \cdot \pi \cdot 0{,}2m \cdot 1{,}66m) - (4 \cdot 0{,}14m + 0{,}2m) = 2 \cdot 5{,}7968m +$$

1,36847776m + 4 · 0,8268671864m + 4,423362456m − 0,76m = 17,84689144m2

Also ein gerundetes Ergebnis von 17,8m2.

Der aktuelle Preis von Bronze (Legierung; CuSn6) beträgt 1012,00€ pro 100kg (Stand 10.03.2021). Bronze (wieder CuSn6) hat außerdem ein Gewicht von 8,9 g/m3. Somit lässt sich hier eine ungefähre Preisangabe erstellen: 178468cm2 : (0,0089kg · 10000) : 100 · 1012€ = 20293,21€. Somit würde die Staute an sich ungefähr 20.000€ kosten.

Arbeitskosten müssen angefragt werden. Das Projekt kann daher auch gerne an kreative Augsburger Arbeitgeber ausgeschrieben werden; somit kurbelt unsere Stadt sogar noch die regionale Wirtschaft an. Sollten sich die Berechnungen dazu als utopisch erweisen: Man kann auch die Katze von den Bremer Stadtmusikanten klauen. Die ist auch als Bronze und das wäre günstiger.

Gez. Lisa McQueen – Die PARTEI.

Die Betreiber des Social Media Accounts der Fellnase waren von der Idee einer Statue vollkommen zurecht äußerst angetan, die Stadt allerdings gewohnt weniger. Weil wir die sehr gute Partei Die PARTEI sind, meint die Stadt gerne unsere, als „humoristisch" verunglimpften, Anträge nicht so schnell behandeln zu müssen, und es dauert immer etwas bis wir eine Absage bekommen. Aber sie kommt meist, nachdem vermutlich wochen- und monatelang intensiv nach Ablehnungsgründen gesucht werden musste. Leider! Und dann auch dieses Mal, sogar einigermaßen fix, von (fast) ganz oberer Stelle, wie hier die 2te Bürgermeisterin Martina Wild von den Grünen, anscheinend in einer lustigen Minute anhand einer Satire-Antwort, erklärt:

Sehr geehrte Frau McQueen, vielen Dank für Ihren humorigen Antrag in diesen ernsten Zeiten, auch wenn das Anliegen irgendwie ein bisschen aus der Zeit gefallen scheint. Statuen gehören eher in die Kultur des 19. Jahrhunderts. Die tausendfach gelikete Social Media-Präsenz des getigerten Katers ist eigentlich die zeitgemäßere Form einer Statue. Ungern würden wir im Übrigen das Verhältnis zu den Stadtratskolleginnen und –kollegen in Bremen wegen einer geklauten Katze aus ihrem berühmten Tierquartett trüben. Ich gebe außerdem zu bedenken, dass Katzen zwar schon seit dem alten Ägypten ihren Kultstatus genießen, aber als sehr freiheitsliebende Tiere vermutlich nicht so gerne die statische Position einer Bronzestatue einnehmen. Als international bekannter Social Media Star lässt sich der feline Freund der Augsburger Studierenden sicherlich ungern lokal festlegen. Am 8.8. ist übrigens Weltkatzentag – vielleicht gelingt es Ihnen bis dahin, die Verantwortlichen der Augsburger Alma Mater, die für die Errichtung von Statuen auf dem Campusgrund zuständig sind, von Ihrem Bronze-Projekt zu überzeugen." (Ablehnungsschreiben vom 23.04.2021).

Von solchen kleinen Rückschlägen lassen wir uns aber nicht so leicht unterkriegen. Es wird schon fleißig auf Hochtouren daran gearbeitet, dass der Folgeantrag daraus entsteht: Wenn schon keine Statue, dann doch wenigstens eine Ehrenbürgerschaft für den Kater. Das wird man dann aber erst im nächsten Teil der Buchreihe von Die PARTEI Augsburg nachlesen können. Zwinkersmiley.

Wie Die PARTEI die Stadtratssitzungen angenehmer machte

Nach mittlerweile einem kompletten Jahr im Augsburger Stadtrat, sind wir nun um so viele wertvolle Erkenntnisse reicher. Wir mussten lernen, dass Politik manchmal trocken und langweilig sein kann. Oft ist sie aber auch wirklich noch langweiliger und artet in monotone Selbstdarstellungen aus. Zu unserer großen Freude ist die Stadt Augsburg aber im Jahr 2021 nun doch auch endlich im 21. Jahrhundert angekommen und gönnt via Livestreaming im Neulandmedium Internet nicht nur uns Parteianern im Zuschauerraum, sondern der kompletten Stadtbevölkerung in Zukunft diesen akustischen und visuellen Hör- und Sehschmaus. Wer sich vor dieser digitalen Offenbarung schon mal die Mühe gemacht hat, in den arbeitnehmerfreundlichen Startzeiten der Sitzungen unter der Woche, sich in den Zuschauerraum des Rathauses oder der Kongresshalle, Verzeihung, Kongress am Park, zu verirren, um den wohltuenden Klängen einer echten Augsburger Stadtratsitzung zu lauschen, weiß, was dem zukünftigen Onlinepublikum noch bevorsteht. Und ebenso, in welch unmenschlicher Lage unsere Lisa sich da manchmal befindet. Der Griff zur Flasche für ein Schlückchen Hopfentee zur Beruhigung ist da nur eine Frage der Zeit.

Um der zukünftigen Generation der Stadtratlauscher die endlosen Stunden der Sitzungen, die jetzt auch hoffentlich permanent online zu bestaunen sind, um einiges erträglicher zu gestalten, haben wir uns die größte menschenmögliche Mühe gegeben und das offizielle Augsburger Stadtratbingo aus der Taufe gehoben. Die Menschen lauschen den

Sprachbeiträgen, in denen meist viel geredet, aber wenig gesagt wird und haben auch noch ein geschmackliches Genussmittel zum Verzehr – wir schlagen mal wieder zwei Fliegen mit einer Klappe. Ein großer Dank geht hier an unseren Genossen Technikfuchs Kim, viele von ihnen werden ihn noch von der Blauen Kappe kennen, für die Erstellung dieses Meisterwerkes mit stets aktualisierten Feldern.

Da wir ja laut Oberbürgermeisterin Eva Weber Schuld an der Politikverdrossenheit der Menschen sind, haben wir uns oft schon Gedanken gemacht, wie wir denn unser schlechtes Gewissen bereinigen, und Sühne zeigen könnten. Da wir alle nicht das nötige Kleingeld und die Beziehungen haben, um durch diverse Geschäfte ein paar zusätzliche Masken für die Bevölkerung an Land zu ziehen…oh Moment, haben wir doch geschafft in Bayern…naja, wir mussten uns zumindest etwas Anderes überlegen, um die Menschen, die wir vom politischen Feld angeblich vergraulen, auf eben jenes wieder zurück zu lotsen. Und mit Trinkspielchen funktioniert eigentlich immer alles ganz gut, also zumindest bei uns. Möge die Schuld bald von uns genommen werden. Eine zufällig gewählte Abbildung des Bingos in seiner ganzen Kraft möge man hier bewundern. Einzelne Felder werden wir dem geneigten Leser aber noch kurz erklären, keine Angst!

„diesen Weg mitgehen" = kommt meist natürlich von der csU und soll nichts Anderes heißen, als dass sich der Rest vom Stadtrat außerhalb der Regierungskoalition leider fügen muss. Klingt halt so nur besser und diplomatischer.

diesen Weg mitgehen	Corona	Baurecht	Jurca sagt etwas dummes	Sammel-abstimmung
mit gutem Beispiel vorangehen	Jemand isst	Sitzungs-disziplin	Webärchen rennt durch die TO	Sonder-stadtrats-sitzung
muss man prüfen	Baukosten-steigerung	Joker	Förder-programm	Jemand geht zum sprechen ans Podest
Technisches Problem	es ist heraus-fordernd	oberste Priorität	Wegner sagt "esst kein Fleisch"	Frau mit Doppelnamen spricht
Franz Josef Strauß	Gegen-stimmen sehe ich nicht	Zahnloser Tiger	Satzung	Webärchen trinkt Apfelschorle

„Sammelabstimmung" = dieses probate Mittel wird vor allem gerne am Anfang von Sitzungen verwendet, um unauffällig unangenehme Punkte der Tagesordnung schnell aus dem Weg zu räumen, und einige verwunderte Stadträte später damit zu konfrontieren.

„Andreas J. sagt etwas Dummes" = der Mann sitzt bei der AfD, also selbsterklärend. Kommt in so gut wie jeder

Sitzung vor und ist immer ein sicherer Punkt auf dem Bingofeld.

„Jemand isst" = in Coronazeiten ein absoluter Glücksgriff beim Bingo. Stadträte müssen zwar immer Maske tragen, werden aber mit Gratiskaffee und Lunchpaketen versorgt. Da kann es laut Zeugenaussagen schon mal sein, dass man für eine Butterbreze ca. eine Stunde braucht.

„Muss man prüfen" = die Königsantwort auf Fragen, die einem als zu Beantwortendem nicht schmecken oder argumentativ noch nicht zerlegt werden können. Ob dann etwas wirklich geprüft wird, das wissen nur die Götter.

„Oberste Priorität" = jeder, der ein bisschen was über irgendwas in der Politik weiß, weiß auch, dass absolut alles immer oberste Priorität besitzt. Vor allem wenn die csU wieder lieber sofort als später etwas durchdrücken will, oder Rednern die angekündigte Prüfung ihres Sachverhaltes schöner verkaufen will.

„Es ist herausfordernd" = siehe den Punkt der obersten Priorität

Abschließend zurück zu unserem kleinen Resümee des ersten Stadtratjahres der sehr guten Partei Die PARTEI in Augsburg. Zwölf Monate, nachdem sämtliche örtliche Lokaljournalisten, Edelfans auf Social Media und diverse regionale Politiker achtungsvoll gezeigt haben, dass der Mensch sich öfters einmal zu irren vermag, indem man uns keinerlei Chance einräumte, einen Stadtratsitz zu erlangen, sitzen wir nun hier. Mit einer von insgesamt 61 Vertretungen der Augsburger Bevölkerung, und das mindestens noch bis zum Jahr 2026. So schnell kann's gehen, wenn man sich wünscht, in keinen Kaugummi zu treten, bleibt dieser meistens doch beharrlich in der Sohlenritze kleben und man lernt irgendwann aufgrund einfacher Aufwands-Ertragsrechnung mit ihm zu leben. Im Gegensatz zu anderen Parteien sind wir nicht mit komplett verschiedenen politischen Strömen zu den wildesten Fraktionen zusammengeschmolzen, sondern lieber als Einzelstadtrat verblieben. Schon der Vorsitzende einer deutschlandweiten Spaßpartei pflegte zu sagen: „Lieber gar nicht regieren, als falsch zu regieren". Bei uns hat das hochgeschätzte Stimmvieh genau das bekommen, was es auch bewusst gewählt hat: Die PARTEI. Wir sind uns bei unserer politischen Art bisher immer treu geblieben, versuchen, weiterhin die Menschen mit den Anträgen und unseren Aktionen zum Nachdenken anzuregen und halten den eingesessenen Altparteien nach wie vor gern den Spiegel vor. Auch wenn die Stadt Augsburg, was die zeitnahe Bearbeitung unserer Anträge, oder selbst banale Dinge, wie die richtige Schreibweise unserer Partei („Die PARTEI"), angeht, auf jeden Fall noch ausbaufähig ist. Wurfduden für das zweite Jahr wurden bereits bestellt. Die Machenschaften allerdings, die unsere politische Gesellschaft auf kommunaler Ebene zu betreiben pflegt, wurden innerhalb eines Jahres offensichtlicher denn je. Besagte Parteien können aber so auch noch eine Menge dazulernen. Bisher waren sie nicht mit unserer Art Politik, topmodern, turbopolitisch und überkritisch, vertraut und konfrontiert. Und ist nicht das Überwinden von neuen Hürden der stetige Lernprozess, der uns in unserer Entwicklung ausmacht? Gern geschehen! Manche von den Altparteien konnten dies einigermaßen gut, andere wiederrum waren überrascht, dass Die PARTEI in Augsburg genauso agiert wie auf europäischer oder Bundesebene. Aber solche Menschen finden es auch merkwürdig, dass man auf älteren Fotos jünger aussieht. Um unseren simplen Charakter zu durchschauen, braucht es allerdings nicht viel, muss man doch nur einen Blick auf den Text der PARTEI-Hymne werfen: „Wer das Leben beleidigt, ist dumm oder schlecht; wer die Menschheit verteidigt, hat immer Recht!" Der geneigte Leser hat bereits schon erkannt an wen diese Textzeile gerichtet ist.

Schon 2020, als die Stadt Augsburg in Gestalt unseres Bundesvorsitzenden, den höchsten politischen Besuch seit dem Zweiten Weltkrieg empfing, haben wir unserem größten Vorsitzenden aller Zeiten zugesichert, mit mindestens einem Sitz in den Stadtrat einzuziehen. Wir haben geliefert und nach wie vor durchgehalten. Die PARTEI hält eben, was sie verspricht. Ganz bestimmt. Martin Sonneborn pflegte einst zu sagen, dass alle Mandatsgewinne von uns Unfälle wären. Nun, Augsburg muss die Überreste dieses Missgeschickes wohl noch ein Weilchen aufräumen.

Achja, haben wir eigentlich schon erwähnt, dass die vier FCK AfD Stadträte der Stadt jeden Monat ca. 6.400€ kosten?

Nach dem ersten Jahr im Augsburger Stadtrat möchten wir gerne den anderen Parteien, die mit uns in dieser illustren Runde sitzen, unsere Anerkennung aussprechen. Ein großes Dankeschön geht an:

die csU, für die Rettung ganzer vier Flüchtenden aus Moria, die uns Ministerpräsident Söder erlaubt hat. Was bedeutet das „c" gleich nochmal?

die Grünen, für die meiste Abholzung der Bäume seit dem Religionsfrieden von 1555 und für die Eier, die man braucht, um immer noch guten Gewissens „Klimaschutz – das Original" auf seine Wahlplakate zu schreiben.

die lolSPD, für den Slogan über die Grünen: „Als Tiger gestartet, als Bettvorleger der csU geendet". Besser hätten wir es auch nicht formulieren können.

die Linke, dafür, dass ihr uns doch nicht in einer möglichen Fraktion haben wolltet. Das hat uns die Erfindung einer Absage erspart.

die Spaßpartei FDP, für alle Lacher die hoffentlich noch im Augsburger Stadtrat kommen werden. Bisher war es nämlich irgendwie noch nicht so witzig.

die FCK AfD, für nichts. Einfach gar nichts.

Pro Augsburg, dafür, dass ihr euch nicht Contra Augsburg genannt habt. Das wäre irgendwie blöd gekommen im Stadtrat.

Wir sind Augsburg, für das, dass ihr uns schon behandelt wie die Großen und uns eure Mitglieder online als „Drecksäcke" und „mieses Volk" bezeichnen.

die ÖDP, für ständiges Stänkern gegen 5G. Der Mensch braucht einfach feste Rituale im Leben. Ist aber auch ein Teufelszeug diese Elektrizität.

die Generation Aux, für zukünftige weitere Gratis-Essen, die SuperBlocks und Tiny Houses. Ups, die gibs ja noch gar nicht.

Augsburg in Bürgerhand, für den sehr guten Antrag zum Klimanotstand, welcher natürlich mit Hilfe der Grünen abgelehnt wurde.

die V-Partei, für das eine Feld beim Stadtrats-Bingo. Da wart ihr wirklich top! Weiterhin guten Hunger.

<u>Unsere Anträge im ersten Stadtratsjahr – Eine Erfolgsgeschichte</u>

(Stand: Anfang Juni 2021)

Antrag	**Stand der Dinge**
Immobilie der SWA als Kulturzentrum nutzen	Wurde bis heute nicht behandelt
Die Pflanzung einer Tanne auf dem Rathausplatz	Vom Baureferent abgelehnt
Grüne, saftige Wiesen anstatt Betonblöcke	Vom Umweltreferent abgelehnt
Erhalt des Reese-Parks und des Geländes	Mehrstimmig im Stadtrat abgelehnt
Umbenennung Kriegshaber in Friedensbringer	Mit 1 zu 59 Stimmen im Stadtrat abgelehnt
Einführung eines Augsburger Stadtmalers	Vom Baureferent abgelehnt
Lebensbaum im Lebensraum	Vom Umwelt- und Finanzreferent abgelehnt
Schaffung eines Bierbrunnens in Augsburg	Vom Baureferent abgelehnt
Atommüllendlager im Augsburger Stadtgebiet	Mit 1 zu 59 Stimmen im Stadtrat abgelehnt
Verteilung der Klimacamper im Rathaus	Wurde bis heute nicht behandelt
Verschiebung von Weihnachten	Mit 1 zu 59 Stimmen im Stadtrat abgelehnt
Städtepartnerschaft mit der Gemeinde Mytilini	Von der OB und dem Ältestenrat abgelehnt

Mehr kostenlose und öffentliche Toiletten	Wurde bis heute nicht behandelt
Kostenlose Damenhygieneartikel auf den Toiletten	Wurde bis heute nicht behandelt
Umbenennung der Langemarckstraßen/wege/plätze	Wurde bis heute nicht behandelt
Eine Statue zu Ehren der CampusCat	Von der Bürgermeisterin abgelehnt